升州注

濮小南 著

濮仕坤 编

南京出版传媒集团
南京出版社

图书在版编目(CIP)数据

升州注 / 濮小南著；濮仕坤编. -- 南京：南京出版社，2021.8
ISBN 978 - 7 - 5533 - 3344 - 1

Ⅰ. ①升… Ⅱ. ①濮… ②濮… Ⅲ. ①南京 - 地方志 Ⅳ. ①K295.31

中国版本图书馆 CIP 数据核字(2021)第 143450 号

书　　名　升州注
作　　者　濮小南 著　濮仕坤 编
出版发行　南京出版传媒集团
　　　　　南 京 出 版 社
社址：南京市太平门街 53 号　　　邮编：210016
网址：http://www.njcbs.cn　　　电子信箱：njcbs1988@163.com
联系电话：025-83283893、83283864(营销)　025-83112257(编务)

出 版 人　项晓宁
出 品 人　卢海鸣
责任编辑　严行健
装帧设计　王　俊
责任印制　杨福彬

排　　版　南京新洲印刷有限公司
印　　刷　南京凯德印刷有限公司
开　　本　890 毫米×1 240 毫米　1/32
印　　张　5.5
字　　数　174 千字
版　　次　2021 年 8 月第 1 版
印　　次　2021 年 8 月第 1 次印刷
书　　号　ISBN 978 - 7 - 5533 - 3344 - 1
定　　价　40.00 元

用微信或京东
APP扫码购书

用淘宝APP
扫码购书

目 录

前　言

　　《升州注》，是一本释古证今、古为今用的南京地志类图书。全书以中华书局2007年出版的（宋）乐史《太平寰宇记》卷九十"江南东道二·升州"为底本，构成篇目骨架，再于每条篇目正文之尾，详加"引""注"，呼应正文，缀附成编。书中引文，力求赅博，以释正文未尽之义；篇尾注释，着重分析，以辨正文讹误之由。征引古籍，册卷清楚；注释今文，叙述明白。目的是让持卷者在阅览时，对每条篇目的历史源流、古今变迁、人文故事等，一读便知，一目了然。

　　《太平寰宇记》是北宋初期一部著名的地理总志。作者乐史（928～1005），字子正，号月池，抚州宜黄（今江西宜黄）人。天资聪敏，自幼好学。宋建隆三年（962），南唐开科，中进士第一，授秘书郎。入宋，初为平原（今山东德州）主簿。太平兴国五年（980），举进士，擢为著作佐郎、知陵州（今四川仁寿），召为三馆编修。雍熙三年（986），迁著作郎、直史馆，转太常博士，后出知舒州（今安徽潜山），复迁水部员外郎。淳化四年（993），改知黄州（今湖北黄冈）。咸平初（998），迁职方，出知商州（今陕西商洛）；五年（1002），与其子乐黄目（971～1027，字公礼）同在文馆，后出掌西京磨勘司，改判留守御史台。景德二年（1005）卒，时年七十八岁，赠：兵部侍郎；谥：文庄。知识渊博，著述丰硕，惜大多散佚，唯《太平寰宇记》二百卷，流传至今。《太平寰宇记》卷帙浩繁，内容详赡。全书200卷，约200万字，以雍熙四年（987）宋代疆域政区为准，起自河南东京，终至四夷蛮邦，分十三道叙述全国州、府、县概况。万里山河、四方险阻、攻守利害、沿袭根源、历代迁衍等，尽收书中。诚如乐史《序》中所言"不下堂而知五土，不出户而观万邦。图籍机权，莫先于此。"非虚言也。

《升州》属该书第九十卷，江南东道二。全卷近万言，以升州及所统江宁、上元、溧水、溧阳、句容五县为纲目，分设子目，记述各县之山川、湖泽、城邑、乡聚、关塞、亭障、名胜、古迹、祠庙、陵墓等，备载详悉，十分可贵，是研究唐末宋初升州（南京）政区建置、山水地貌、人文变迁的重要历史资料。然全卷条目设置，主要侧重于江宁、上元两县，有子目95条；而溧水、溧阳、句容三县，仅有子目29条，明显过于疏略。由此可见，乐史以一己之力搜罗史籍、广稽博采前人著作，整理编撰而成的《太平寰宇记》这部巨著，尽管内容十分丰富翔实，疏漏之处却也在所难免。按照惯例，乐史撰写《太平寰宇记》前，应对所收集之资料信息的来源及渠道，认真辨识，仔细考核，但是，依据当时的历史条件，各类史籍记载相左者比比皆是，故从中辨识取舍，确实无法面面俱到，巨细查验。再者，金无足赤，苛求古人，岂有此理，所以，该书在个别内容和历史事实上出现的些微讹误，就在情理之中而无可厚非了。

《太平寰宇记》是一部承前启后、继往开来的划时代巨著，是书汇集了大量宋代以前的资料，广稽博采，上自《尚书》《周礼》，旁涉《山海经》《水经注》，以及先秦诸子、前朝史籍、历代总志、各地方志，还有名人诗赋、书笺、表疏、碑记、文集和稗官野乘等，采撷繁富，征引赅博，是研究中国古代人文地理、建置变迁、风俗民情的珍贵历史文献。《升州》卷所载内容，详悉赡富，全方位地提供了唐末宋初升州（南京）的自然地理、人文概况、风土习俗等一系列主要的历史地理信息，甚为可贵。卷内个别条目出现的舛误，白璧微瑕，丝毫不影响该书在我国地志学领域中所占有的独特地位，相反，确是今人了解研究唐末宋初升州（南京）历史的重要依据。

《升州注》的主要任务与作用，是诠释并引申《太平寰宇记》升州卷中所有条目的内涵，逐条阐发其主旨，指明个别舛误之处，考证其原因并辨证其事实。如：《人物》条目中的陶籍，子虚乌有，史无其人，明显为齐、梁间文士王籍之冠戴。《梁山》条目中宋孝武帝刘骏西巡梁山的事实，记在其祖宋高祖刘裕的名下，恐非仅为笔误。《蒋山》条目中将何胤记作宋应，无任何史籍可证，应为讹传所至。《晋中宗陵》条目中将位于鸡笼山南麓晋中宗司马睿的建平陵,改成在县东一十里,不知何据。《乌衣巷》条目中将王僧虔记作王僧达,二人为堂兄弟,一字之差,尚有可原。《梁南康简王墓》条目中将梁武帝四子萧绩记作武帝之弟,叔侄相淆,实不应该。凡此种种,不一而足。诸如此类,书中均有较为详尽的核证与辨析,阅后便可了然。

《太平寰宇记》初刻本极少,流传不广,至明代海内宋版已无踪影。明末清初,各种版本大多残缺,无足本。乾隆五十八年(1793),乐氏后人刻印崇仁乐氏祠堂本,依然缺卷不全。同年,江西万廷兰万廷兰(1719~1807),字芝堂,号梅皋,南昌人。乾隆十七年(1750)壬申恩科殿试二甲第48名进士,改翰林院庶吉士,散馆,授怀柔县知县,累官至通州知府。乾隆三十二年(1767),蒙冤入狱;四十七年(1782),昭雪,获释归里;五十三年(1788),应聘为瑞州府凤仪书院讲席;五十八年(1793),校勘《太平寰宇记》;五十九年(1794),《太平寰宇记》告竣。嘉庆十二年(1807),卒,时年八十九岁。能文善诗,著有《太平寰宇记补》《大清一统志表》《十一经初学读本》《计园文存》《诗馀》《献县志》《南昌府志》《计树园剩稿》等。据庐陵徐午园所藏之玉溪活字版,予以参核厘正,并将桂林陈兰森辑补之卷四、卷一百十三至一百十九凡八卷,依次补入,以足全数,雕刻问世。光绪八年(1882),金陵书局以崇仁乐氏祠堂本为底本,参正万廷兰本及清初诸旧本,详加校勘,全本刊印于世。近世有考据专家断言此本窜入伪文颇多,如《升州》卷中的祖堂山、莫愁湖、穿针楼、杏花村、华林园、临春阁、景阳楼、草堂、八功德水、忠孝亭、九曲池等,即为各抄本附骥缀入。笔者以为,尽管如此,无伤大雅,不必厚非,锦上添花,大善事也。

　　《升州注》所据版本为 2007 年 11 月中华书局出版，由王文楚等点校的（宋）乐史《太平寰宇记》卷九十"江南东道二·升州"。

　　　　　　　　　　　　　　　　　　　濮小南

　　　　　　　　　　　　　　　　　　　2021 年 6 月

凡例

1. 《升州注》是以（宋）乐史《太平寰宇记》卷九十"江南东道二·升州"为底本，逐条加"引""注"形成的地志类图书。全书尊重历史，敬畏古人，对原著不作任何删改，仅在每条正文后引用相关古籍和注释该条地名的古今变迁及辨正讹误。

2. 全书版式为简体字自左向右横排，按照原书体例不另设章节，保持原貌。

3. 书中正文采用宋体，条目标题为黑体，引文及注释均为楷体，以便于阅读与检索。

4. 引文及注释采用的楷体字号，均小于正文字号，注文中的注或引文中的注用六角符号标出，目的是利于区别与辨识。

5. 所引书籍均注明卷数，不分卷者，则径录书名及引文。

6. 人名索引，按汉语拼音开头字母排列。人名后括号内的数字，为该人名首次出现时所在页码。

唐升州图（录自《康熙江宁府志》）

升州

升州，今理江宁、上元二县，古扬州之域。《尔雅》云："江南，曰：扬州。"◎注：此语出自《尔雅·九·释地》。春秋时，为吴地；战国时，越灭吴，为越地；后楚灭越，其地又属楚，初置金陵邑。《金陵图经》云："昔楚威王◎注：熊商（？～前329），芈姓，熊氏，名商，楚宣王熊良夫之子。楚宣王三十年（前340），熊良夫卒，熊商继位，是为楚威王。在位11年，北战齐国，东征越国，西讨巴蜀，以图霸业。七年（前333），灭越，置金陵邑。十一年（前329）卒，其子熊槐继位，是为楚怀王。见此有王气，因埋金以镇之，故曰：金陵。"秦并天下，望气者言：江东有天子气，乃凿地脉，断连冈，因改金陵为秣陵，属丹阳郡。故《丹阳记》云："始皇◎注：嬴政（前259～前210），秦庄襄王之子，13岁立为秦王，22岁亲政，自前230年灭韩，至前221灭齐，十年间悉灭六国，创立秦帝国，自为始皇帝。在位期间，推行郡县制，统一度量衡、法律、货币和文字，修驰道，筑长城。前210年，于出巡途中，病死于沙丘平台（今河北广宗西北）。凿金陵方山，其断处为渎，则今淮水经城中，入大江，是曰：秦淮。以秣陵属鄣郡。"至汉元封二年（前109），改鄣郡为丹阳郡，◎注：应为元狩二年（前121）。《西汉政区地理》："汉武帝元狩二年，江都王刘建（？～前121)谋反，江都国除，地入汉，改鄣郡为丹阳郡。"《汉书》卷六："元狩二年夏，江都王建有罪，自杀。"楚、汉之际，江、淮之间，溧阳之北，皆属刘贾、◎注：刘贾（？～前196），沛郡丰邑（今江苏徐州丰县）人，汉高祖刘邦族兄。秦二世元年（前209），随刘邦起义，为将军。汉高祖六年（前201），功封荆王，领淮东五十二城；十一年（前196）秋，抗击淮南王英布，战，不胜，为布军所杀。英布。◎注：英布（？～前195），偃姓，英氏，名布，早年坐法受黥，俗称黥布，九江郡六县（今安徽六安）人。初随项梁起义，继为项羽帐下将军，屡破秦军，封九江王。汉高祖三年（前204），叛楚归汉，辅佐刘邦攻打项羽；四年（前203）七月，封淮南王；十一年（前196），起兵反叛；十二年（前195），兵败被诛。汉初有天下，犹为鄣郡地。故《丹阳图》云："自句容以西属鄣郡，以东属会稽郡。"后寄理不定。汉因秦制，至武帝◎注：刘彻（前156～前87），沛（今江苏沛县）人，景帝刘启（前188～前141）中子，西汉第五位皇帝。四岁为胶东王，七岁立为皇太子，十六岁即皇帝位。在位期间，罢黜百家，表章六经；畴咨海内，举其俊茂。兴太学，修郊祀，改正朔，定历数，协音律，作诗乐，建封禅，平匈奴，定南越，平准均输，兴修水利，号令文章，焕焉可述。后元二年（前87）二月丁卯，崩于长安五柞宫，入殡于未央宫前殿，三月甲申，葬茂陵。谥：武帝。初，为扬州，理于此。元封二年（前109），始置十三州刺史，◎注：应为元封五年（前

106)。《汉书》卷六："元封五年冬，初置刺史部十三州。"领天下诸郡，此即为扬州。本在西州桥、一名羊市桥，清末，桥废无存。其址在今南京建邺路北侧张府园。冶城今南京朝天宫之间，是其理处，后汉如之。刘繇◎注：刘繇（156～197），字正礼，东莱牟平（今山东牟平）人。汉宗室齐悼惠王刘肥（前221～前189）之后裔，初被举为孝廉，授郎中、下邑县长，旋弃官。后被征为司空掾属，授侍御史。兴平元年（194），任扬州刺史，官至扬州牧、振武将军。建安二年（197），病卒，年四十二。为扬州刺史，始移理曲阿。今江苏句容。孙策◎注：孙策（175～200），字伯符，吴郡富春（今浙江富阳）人。少时随父孙坚（155～192）居寿春（今安徽寿县），初平三年（192），孙坚战殁，遂领其部曲。兴平二年（195），率军渡江，据吴、会稽等五郡，创建孙氏政权，汉室任命为讨逆将军，封吴侯。建安五年（200），遇刺身亡，后追尊为长沙桓王。号此为西州。至建安十六年（211），吴大帝◎注：孙权（182～252），字仲谋，吴郡富春（今浙江富阳）人，孙策之弟。建安五年（200），孙策死，继其位，据江东。建安十三年（208），联刘抗曹，于赤壁（今湖北蒲圻）大败曹军。黄龙元年（229），称帝于武昌（今湖北鄂城），国号：吴。旋迁建业（今江苏南京）。神凤元年（252）四月，薨，时年七十一，谥曰：大皇帝。秋七月，葬蒋陵（今南京东郊梅花山）。自京口徙此，因改为建业。故《吴志》云："权欲兴都未定，权长史张纮◎注：张纮（153～212），字子纲，广陵（今江苏扬州）人。少时游学京都洛阳，入太学。期年还本郡，举茂才，公府辟召，皆不就。后避难江东，助孙策创基，任正议校尉、侍御史、会稽东部都尉等。孙权时，任讨虏长史，建安十三年（208），随权出征合肥。力劝孙权移都秣陵（今江苏南京），建安十七年（212），孙权听从其荐，令其还吴迎家，途中病卒，时年六十岁。谓权曰：'秣陵，楚威王所置，名为金陵。地势冈阜连石头。昔秦始皇经此县，望气者曰：地形有王者都邑之气，天之所命，宜为都邑。'后刘备◎注：刘备（161～223），字玄德，涿郡涿县（今河北涿县）人。汉宗室中山靖王刘胜（前165～前113）之后裔，少孤贫，与母贩鞋织席为业。好结交豪侠，与关羽（160～219）、张飞（164～221）结为异姓兄弟。建安十二年（207），三顾茅庐请出诸葛亮（181～234），定下占据荆、益，联孙攻曹的方针。翌年（208），于赤壁（今湖北蒲圻）大败曹军，占领荆州。旋引兵入蜀，夺取益州和汉中，自立为汉中王。黄初二年（221），称帝，国号：汉；年号：章武；立都：成都。三年（222），以为关羽报仇之名，攻打孙吴，大败。四年（223）夏四月癸巳，病殂白帝城（今重庆奉节）永安宫，时年六十三岁。谥：昭烈皇帝。亦劝权都之，权曰：'智者意同。'遂定议都秣陵，修石头城，◎注：其址在今南京城西清凉山。用贮军实。"又，蜀武侯◎注：诸葛亮（181～234），字孔明，琅邪阳都（今山东沂南）人。幼孤，随叔父诸葛玄（？～197）辗转至荆州（今湖北襄樊），玄卒，隐居隆中，躬耕陇亩。好为《梁父吟》，自比管仲、乐毅，时人谓之卧龙。建安十二年（207），受刘备三请出山，助备建立蜀汉政权。建兴元年（223），刘禅（207～271）继位，封武乡侯，领益州牧。建兴十二年（234）春，与魏将司马懿（179～251）在渭南相拒，八月，病逝五丈原（今陕西眉县西南）军中，时年五十四岁，葬定军山。使于吴，谓权曰："钟山龙盘，石城虎踞，真帝王之都。"其后，与蜀魏鼎峙。按《建康图经》云："西晋太康元年（280）平吴，分地为二邑，自淮水南为秣陵，淮水北为建业。后因愍帝◎注：司马邺（270～317），字彦旗，河内温县（今河南温县）人。晋武帝司马炎（236～290）之孙。建兴元年（313）四月壬

升 州

申，被拥立于长安（今陕西西安），即皇帝位。四年（316）十一月辛丑，被汉帝刘聪（？～318）俘虏至平阳（今山西临汾）。翌年（317）十二月戊戌，被杀，时年十八岁。谥：愍帝。**即位，避讳改为建康。**"司马德操◎注：司马徽（173～208），字德操，颍川阳翟（今河南禹州）人。为人清雅，学识广博，精通道学、奇门、兵法、经学等，人称水镜先生。建安十三年（208），病卒。**与刘恭嗣**◎注：刘廙（180～221），字恭嗣，南阳安众（今河南邓县）人。汉宗室长沙定王刘发（？～前129）之后裔，精通天文术数。初事荆州牧刘表（142～208），后投曹操（155～220），任黄门侍郎、丞相仓曹等职。入魏，擢侍中，赐爵：关内侯。黄初二年（221），病卒。**书云："黄旗紫盖，恒见东南，终能成天下之功者，扬州之君子乎。"谓斗牛之间，恒有此气。西晋乱，元帝**◎注：司马睿（276～322），字景文，河内温县（今河南温县）人，司马懿（179～251）曾孙，袭封琅邪王。起家员外散骑常侍，累迁左将军、辅国将军、平东将军监徐州诸军事、安东将军都督扬州诸军事等，永嘉初（307），始镇建邺。建武元年（317）三月辛卯，即晋王位。太兴元年（318）三月丙辰，即皇帝位。永昌元年（322）闰十一月己丑，崩逝于台城内殿，时年四十七岁，葬建平陵，谥曰：元皇帝；庙号：中宗。**自广陵今江苏扬州渡江，此城荒落，以府第居县北幕府山，幕府之名，自此而立。寻以江宁为琅邪国，**其址在今南京栖霞山、龙潭附近。**盖袭帝始封之名，在今废江乘县界。又，虞溥**◎注：虞溥（约249～310），字允源，高平昌邑（今山东巨野）人。专心典籍，郡举孝廉，除郎中。历官尚书都令史、公车司马令、鄱阳内史等。任内，大修庠序，广招学徒。著有《江表传》以及《春秋》经、传注等，并有文章诗赋数十篇。永嘉四年（310），卒于洛阳，年六十二岁。太兴三年（320），其子虞勃

(生卒不详)南渡过江,将经过自己增补之《江表传》上呈于元帝司马睿,诏:藏于秘书省。《江表传》云:"按《晋书》:◎注:此《晋书》非(唐)房玄龄所撰之官修《晋书》,乃(晋)王隐、虞预等所撰。其书今佚,仅有零星片断,散见于有关史籍。苏峻◎注:苏峻(? ~328),字子高,长广郡掖(今山东莱州)人。少有才学,仕郡主簿,年十八,举孝廉。永嘉(307~312)之乱,纠合流亡百姓数千家,结垒自保,朝廷任其为安集将军。后率部南下至广陵(今江苏扬州),元帝复任其为鹰扬将军,除淮陵内史,迁兰陵相。明帝时,以破平王敦(266~324)有功,授冠军将军、历阳内史。成帝时,庾亮(289~340)辅政,疑亮欲加害己,于咸和二年(327),与祖约(? ~330)联合,讨伐庾亮。次年(328)陷建康(今江苏南京),纵兵大掠,穷凶极暴。最终为温峤(288~329)、陶侃(259~334)联军击败,死于乱军阵中。初平,温峤◎注:温峤(288~329),字太真,太原祁(今山西祁县)人。以孝悌称,举秀才,辟东阁祭酒,补上党潞令。后从刘琨(272~318)讨石勒(274~333),任右司马。元帝初镇江左,奉琨命南下劝进,被留任长史、太子中庶子。明帝时,拜侍中、转中书令。王敦(266~324)谋反,与庾亮率军讨平,以江州刺史、平南将军镇武昌。又联合陶侃平定苏峻、祖约之乱,加拜骠骑将军、开府仪同三司、散骑常侍,封始安郡公。咸和四年(329)归镇武昌,途中齿疾频发,拔之,因中风,至镇未旬而卒,时年四十二岁。谥:忠武。初葬豫章(今江西南昌),后朝廷追其勋德,为造大墓于建康(今江苏南京),诏:葬建平陵北(其址在今南京城北幕府山)。议迁都豫章,三吴之豪请都会稽,二论纷纭,未有所适。扬州刺史、司徒王导◎注:王导(276~339),字茂弘,琅邪临沂(今山东临沂)人。少有风鉴,识量清远。曾参东海王司马越(? ~311)军事,后依琅邪王司马睿,任安东司马,随睿南渡,出镇建邺(今江苏南京),迁丹杨太守,俄拜右将军、扬州刺史、监江南诸军事。军谋密策，知无不为。联合南北士族拥立司马睿称帝，建立东晋政权。位居宰辅，总揽元、明、成三朝国政，时称："王与马，共天下。"官至大司马、中外大都督，进位太傅，拜丞相。咸康五年（339）卒，时年六十四岁，谥曰：文献。曰：'建康，古之金陵，旧为帝里，孙仲谋、刘玄德俱言王者之宅。今宜时定。'帝从焉。其所会幽、冀、青、兖之士，秦、郑、周、韩之人，五方杂会，各得所理，即晋室之兴也。"◎注：此处记载的迁都之议，事出明帝咸和三年（328），明显在虞勃太兴三年（320）上呈《江表传》于元帝之后，故书以备考。又，《舆地志》云："晋故台城，即成帝◎注：司马衍（321～342），字世根，明帝司马绍（299～325）长子，东晋第三位皇帝。太宁三年（325）闰八月己丑，即皇帝位，年仅五岁，由其母皇太后庾文君（296～328）临朝听政。咸和三年（328）三月丙子，太后崩，司徒王导（276～339）、中书令庾亮（289～340），参辅朝政；五月乙未，被反贼苏峻逼迁石头城仓屋为宫；九月庚午，苏峻败亡。五年（330）九月，造新宫，始缮苑城。七年（332）十二月庚戌，迁入新宫。帝少而聪敏，有成人之量。留心万机，务在简约。咸康八年（342）夏六月癸巳，崩于台城西堂，时年二十二岁。谥曰：成皇帝；庙号：显宗。时苏峻作乱，焚烧宫室都尽，温峤已下咸议迁都，惟王导固争不许。咸和六年（331），使卞彬◎注：卞彬（？～500），字士蔚，济阴冤句（今山东荷泽）人。才藻不群，文多指刺。仕宋，官西曹主簿、朝请员外郎、右军参军，出为南康郡丞；仕齐，官郎中令、尚书比部郎、安吉令、平越长史、绥建太守等。永元二年（500）卒于太守任上。按：卞彬，南朝宋、齐时人，此处记载卞彬营治东晋宫城，显系错误。又，（唐）房玄龄《晋书》卷七："咸和五年（330）九月，造新宫，始缮苑城。七年（332）十二月庚戌，帝迁于新宫。"营治；七年（332），迁于新宫。议者或患未筑双阙，后王导出宣阳门，南望牛头山，两峰碟立，东西相向各四十里，导曰：此即天阙也。"又以渡江，江外无事，又于南浦置江宁县。至咸康七年（341），分江乘县置临沂县，临沂山◎注：今南京燕子矶与栖霞山之间的东十里长山，今名周家山。西北，临大江，皆晋之初兴遗址也。历宋、齐、梁、陈，六代咸为帝都。按《金陵记》云："梁都之时，城中二十八万馀户，西至石头城，◎引：《景定建康志》卷十七："石头山，在城西二里。后汉建安十六年（211），吴孙权乃加修理，改名：石头城，以贮军粮、器械，今清凉寺西是也。"注：其址在今南京城西清凉山以南。东至倪塘，◎引：《景定建康志》卷十八："倪塘，在城东南二十五里。"◎注：今名泥塘，其址在今南京城东南之方山埭北，即今南京市江宁区东山街道泥塘社区。南至石子冈，◎引：《景定建康志》卷十七："石子岗，一名石子墩，在城南一十五里，长二十里，高一十八丈。"◎注：其址在今南京城南雨花台西南。北过蒋山，◎引：《景定建康志》卷十七："钟山，一名蒋山，在城东北一十五里，周回六十里，高一百八十五丈。"◎注：其址在今南京城东北，俗名紫金山。东西南北各四十里。自侯景◎注：侯景（503～552），字万景，怀朔镇（今内蒙古包头固阳县）人。少而不羁，见惮乡里，为镇功曹史。初事尒朱荣（493～530），为定州刺史；继附高欢（496～547），官吏部尚书，封濮阳郡公。后职位渐显，历任尚书左仆射、司空、司徒、大行台等，拥兵专制河南。太清元年（547），欢死，投西魏，旋又附梁，受封河南王。太清二年（548），被东魏击败，逃奔寿春（今安徽寿县），复勾结萧正德（？～549）起兵叛梁，攻陷建康（今江苏南京），占领台城（即宫城）。翌年（549），困死梁武帝（464～549），立梁武帝第三子萧纲（503～

551）为帝。自任相国。大宝元年（550），西征江陵（今湖北荆州）失利，返回建康。大宝二年（551）正月，废萧纲，立梁武帝曾孙萧栋（？～552）为帝；十一月，逼萧栋禅位于己，自立为帝，改国号为：汉，改元为：太始。承圣元年（552）正月，王僧辩（？～555）、陈霸先（503～559）攻占建康，景仓皇东逃，经吴郡，达松江，与心腹数十人单舸自沪渎入海，至壶豆洲（又作胡逗洲，在今南通长江入海口），被前太子舍人羊鲲（527～554）诛杀，送尸于王僧辩，传首西台，曝尸于建康市，百姓争食其肉，焚骨扬灰。**反，元帝**◎注：萧绎（508～554），字世诚，小字七符，南兰陵（今江苏常州）人，梁武帝第七子。封湘东王，任荆州刺史、都督荆雍九州诸军事。侯景攻下建康，逼死梁武帝，萧绎命王僧辩讨平侯景，将景首枭之于市，煮而漆之，以泄其愤。承圣元年（552），即帝位于江陵（今湖北荆州）；三年（554），雍州刺史萧詧（519～562）引西魏军来攻，战败被杀。谥：元帝。**都于江陵**今湖北荆州，**冠盖人物多南徙；洎陈高祖**◎注：陈霸先（503～559），字兴国，小字法生，吴兴长城（今浙江长兴）人。少有大志，不治生产。大同初（535），任广州刺史萧暎（507～544）帐下中直兵参军，频战屡捷，梁武帝深叹其才，授直阁将军，封新安子。历官交州司马、武平太守、振远将军、西江督护、高要太守、督七郡诸军事等。太清二年（548）冬，侯景寇京师建康（今江苏南京），三年（549）七月，集义兵于南海；大宝元年（550）正月，发兵至大庾岭；二年（551）八月，与王僧辩会师于湓城（今江西九江）；三年（552）三月，讨平侯景之乱。承圣三年（554），西魏破江陵，元帝被害，与僧辩共立梁武帝之侄萧渊明（？～556）为帝，年号：天成。天成元年（555）九月，袭杀王僧辩，废萧渊明，拥立元帝第九子萧方智（543～558）为帝，年号：绍泰，自任丞相，独揽朝政。太平二年（557），废萧方智，自立为帝，国号：陈；年号：永定。永定三年（559）六月癸卯景午，崩逝于建康台

升 州 注

城璇玑殿。时年五十七岁。谥曰：武皇帝；庙号：高祖。复王于此，中外人物不迨宋齐之半。"隋平陈，废为江宁县；唐武德三年（620），于县置扬州，仍置东南道行台；六年（623），辅公祏◎注：辅公祏（？～624），齐州临济（今山东章丘）人。自幼家贫，生无所寄。隋大业九年（613），与乡邻杜伏威（584～624）相结举义，横行乡里，转掠淮南。十三年（617），占领历阳（今安徽和县），杜伏威自号总管，以公祏为长史。武德二年（619），占领丹阳（今江苏南京），杜伏威拟建吴国，未果，旋归顺大唐朝廷。三年（620），诏：授辅公祏淮南行道台尚书左仆射，封舒国公。六年（623）初，杜伏威入朝，留公祏居守丹阳；八月九日，公祏举事丹阳，僭帝位，国号：宋，年号：天明。置文武百官，即丹阳原六朝陈故宫都之；九月十九日，唐朝廷举数万水陆大军围剿辅公祏。武德七年（624）三月二十八日，连战连败的辅公祏弃城南逃至武康（今浙江德清），被乡民捕获，执送丹阳，被斩于市，传首长安（今陕西西安）。反；七年（624），贼平，置行台尚书省，改扬州为蒋州，废茅州今江苏句容来属；八年（625），罢行台，改蒋州为扬州大都督；九年（626），扬州移理江都今江苏扬州，改金陵县为白下县；贞观九年（635），改白下为江宁；至德二年（757），置江宁郡；乾元元年（758），于江宁置升州，为浙西节度使；上元二年（761），以谣言◎引：《景定建康志》卷十二："上元元年（760）十一月，时有谣言曰：'手执金刀起东方。'"复为上元县；光启三年（887），复为升州；天祐十四年（917），伪吴遣部将徐温◎注：徐温（862～927），字敦美，海州朐山（今江苏连云港）人。少以贩盐为业。中和二年（882），投杨行密（850～925）帐下，初为伍长，冲锋陷阵，屡建奇功。从都虞侯累官至大丞相，先后受封温国公、齐国公、东海王等。总揽吴国政事，筑金陵城垣，自奉节俭，为政宽和，颇得民心。乾贞元年（927）十月，卒于金陵，年六十六岁，追封齐王，谥：忠武。**城之，为金陵府。伪唐改为江宁府，因之建都；皇朝开宝八年（975）十一月，削平江表，复为升州。**◎引：《景定建康志》卷十五："升州，唐乾元元年（758），以江宁郡改置升州。颜真卿（709～784）尝以升州刺史兼浙西节度使。上元二年（761），废。光启三年（887），复置。天祐二年（905），伪吴封徐温（862～927）齐公，大城升州。武义二年（920），改金陵府。皇朝开宝八年（975），复置。天禧二年（1018），改为江宁府。"◎注：升州，唐宋间南京古名称。唐乾元元年（758），改江宁郡置，为浙西节度使治所，辖江宁、句容、溧水、溧阳四县。上元元年（760），江淮都统刘展（？～761）据州反唐；次年（761），乱平州废。光启三年（887），复置升州，辖县如旧。杨吴天祐十一年（914），刺史徐知诰（888～943）扩建州城，将秦淮河匡入城中。武义二年（920），改为金陵府。南唐时期（937～975），改为江宁府。北宋开宝八年（975），灭南唐，复名升州，州府署设南唐宫城，辖江宁、上元、溧水、溧阳、句容五县。至道三年（997），江南路节度使署驻升州。天禧二年（1018），复为江宁府。自唐乾元元年（758）至宋天禧二年（1018）二百六十一年间，称名升州者，即：唐乾元元年（758）至唐上元二年（761），称名四年；唐光启三年（887）至杨吴武义二年（920），称名三十四年；宋开宝八年（975）至宋天禧二年（1018），称名四十四年，累计称名八十二年。

元领县八，今五：江宁，上元，溧水，溧阳，句容。三县割出：当涂，置太平州；芜湖，入太平州；繁昌，入太平州。

州境

东西二百三十五里，南北四百六十里。

四至八到

西北至东京今河南开封一千二百五十里，北至西京今河南洛阳一千七百里，西北至长安今陕西西安二千里，东至润州今江苏镇江一百八十里，西至江北和州乌江县今安徽和县乌江镇五十五里，北至江北扬州六合县今南京六合九十九里，东南至常州安吉今浙江安吉、宜兴今江苏宜兴两县为界三百五十里，南至宣州今安徽宣城三百六十里，西南至太平州今安徽当涂一百八十里，东北至润州一百九十五里，西北至江北扬州宣化镇今南京浦口四十里。

户

唐开元（713～741）户，在润州籍。皇朝户，主：四万四千一百九；客：一万七千五百七十。

风俗

同润州。附《太平寰宇记》卷八十九："《润州》，风俗：吴、越之君皆好勇，故其人至今好用剑，轻死易发。自永嘉（307～312）南迁，斯为帝乡。人性礼让谦谨，亦骄奢淫逸。婚嫁丧葬，杂用周、汉之礼。"

人物

葛洪，字稚川，句容人。平贼，赐爵关内侯，不拜。深入罗浮山其址在今广东惠州博罗县著书，号抱朴子。◎注：葛洪（281～361），字稚川，号抱朴子，丹阳句容（今江苏句容）人。仕宦出身，为人木讷，不好荣利，少好儒学，兼及神仙导养之术。东晋时，历任将兵都尉、伏波将军、司徒掾、咨议参军，赐爵关内侯。后辞官南下广州，刺史邓岳（？～339）苦留不听，乃止于广东罗浮山精研炼丹。

在山积年，优游闲养，著述不辍。卒，年八十一岁，颜色如生，身体柔软，轻如空衣，世以为尸解得仙云。著有《抱朴子》《肘后备急方》等。

纪瞻，字思远，秣陵人。◎注：纪瞻（253～324），字思远，秣陵（今江苏南京）人。少以方直知名，吴平，徙家历阳（今安徽和县），察孝廉，举秀才，西晋时，历官东阁祭酒、松滋侯相、尚书郎等。东晋时，历任军咨祭酒、镇东长史、都乡侯、扬威将军、都督京口以南至芜湖诸军事、会稽内史、临湘县侯、侍中、尚书右仆射等。太宁二年（324）卒，时年七十二，谥曰：穆。

纪少瑜，字幼场，秣陵人，尝梦陆倕◎注：陆倕（470～526），字佐公，吴郡吴县（今江苏苏州）人。年少勤学，善于属文，十七岁举本州秀才。历任右军安成王主簿、临川王东曹掾、太子中舍人、给事中、太常卿等。普通七年（526），卒，年五十七岁。以青镂管笔授之，文日进。◎注：纪少瑜（生卒不详），字幼场，丹阳秣陵（今江苏南京）人。本姓吴，养于纪氏，早孤，幼有志节。年十三，能属文；年十九，游太学。谈吐玄妙，辩捷如流。初为晋安国中尉、宣城王侍读、郢州功曹参军等，大同七年（541），梁武帝引为东宫学士。后除武陵王记室参军，未几，卒。

薛兼，字令长，丹阳人。◎注：薛兼（255～322），字令长，丹阳（今江苏南京）人。祖父薛综（176～243），孙吴时，官至尚书仆射；父亲薛莹（209～282），西晋时，官散骑常侍。仕宦之裔，器宇清素。太康初（280），入洛阳，举河南孝廉，辟公府，除比阳相，历官太子洗马、散骑常侍等。东海王司马越（？～311）引为参军，转祭酒，赐爵安阳亭侯。东晋时，历任军咨祭酒、丞相长史、丹阳尹、尚书、太常、太子少傅等。永昌元年（322），卒，赠光禄大夫，开府仪同三司。时值王敦（266～324）造反，朝廷多故，未得议谥。

许迈，字叔玄，句容人。◎注：许迈（生卒不详），字叔玄，一名映，丹阳句容（今江苏句容）人。家世士族，而迈少恬静，不慕仕进。尝与郭璞（276～324）求筮，获筮"宜学升遐之道"。以父母尚在，未忍违亲，仅立精庐于余杭悬霤山潜修，每月朔望返家省亲。父母既终，乃遣妻孙氏回娘家。从此，遍游名山。永和二年（346），移入临安西山，采药饵食，时欲断谷，有终焉之志。与王羲之（303～379）为世外之交，羲之造访，未尝不弥日忘归。后莫测其终，好道者皆谓之羽化矣。

陶弘景，字通明，丹阳秣陵人。为齐王◎注：萧道成（427～482），字绍伯，南兰陵（今江苏常州）人。刘宋时，历任建业令、中领军将军、侍中、司空、太尉，升明三年（479），任相国，封齐王。未几，废宋顺帝刘准，自立为帝，改国号：齐。建元四年（482）卒，谥：高帝。侍读，挂冠神武门，归隐茅山今江苏句容茅山。梁武◎注：萧衍（464～549），字叔达，小字练儿，南兰陵（今江苏常州）人，生于秣陵同夏里（今江苏南京城南老虎头）。萧道成族弟，南齐时，任雍州刺史，镇襄阳（今湖北襄阳）。中兴元年（501），攻入建康（今南京），杀齐东昏侯，又杀萧宝融，自立为帝，国号：梁。侯景作乱，智穷力竭，饿死台城。谥：武帝。即位，有大事无不咨询，时人谓之：山中宰相。◎注：陶弘景（456～536），字通明，丹阳秣陵（今江苏南京）人。五岁学书，十岁得阅葛洪《神仙传》，便有养生之志。十九岁被萧道成引为诸王侍读。永明十年（492），挂冠辞禄，归隐茅山。性好著述，尤明阴阳五行、风角星算、山川地理、方图产物、医术本草。萧衍称帝前，弘景遣弟子持图谶进之，萧衍展图，唯见满纸皆"梁"字，遂以国名梁。国家每有吉凶征讨大事，无不前往咨询，时人谓为山中宰相。大同二年（536），卒，时年八十一岁。诏赠：太中大夫；谥曰：贞白先生。著有《学苑》《帝代年历》《孝经集注》《论语集注》《本草集注》《效验方》《肘后百一方》《古今州郡记》《图像集要》

《玉匮记》《七曜新旧术疏》等。

陶籍，字文海，弘景子，尝过若耶溪，其址在今浙江绍兴。有"蝉噪林愈静，鸟鸣山更幽"之句。◎注：陶弘景终身未娶，不妻无子，以从兄子陶松乔为嗣。此处所录陶籍为弘景子，子虚乌有，显系错误。据"字文海"及"尝过若耶溪，有'蝉噪林愈静，鸟鸣山更幽'之句"考之，应为南朝齐梁间士人王籍。王籍（？～526），字文海，琅邪临沂（今山东临沂）人，生于建康（今江苏南京）。祖父王远，刘宋时官光禄勋；父亲王僧佑（？～493），萧齐时任骁骑将军。王籍自动聪敏，七岁能属文，好学博涉有才气。齐末（501），为冠军行参军，迁外兵记室。天监初（502），除安成王主簿，历官尚书三公郎、廷尉正、余姚令、钱塘令等。天监中（511），为轻车湘东王咨议参军，随府会稽郡，至若耶溪赋诗云："艅艎何泛泛，空水共悠悠。阴霞生远岫，阳景逐回流。蝉噪林愈静，鸟鸣山更幽。此地动归念，长年悲倦游。"及为中散大夫，弥忽不乐。普通七年（526），湘东王为荆州，引为安西府咨议参军，带作唐（今湖南安乡）令，不理县事，日饮酒，人有讼事，鞭而遣之。未几，卒。又甚工草书，笔势遒放，湘东王集其文为十卷云。

（唐）刘邺，字汉藩，句容人。◎注：刘邺（约839～881），字汉藩，润州句容（今江苏句容）人。七岁能诗，少有文名。初为秘书省校书郎，唐懿宗咸通元年（860），入为左拾遗，充翰林学士，赐进士及第。二年（861），进起居舍人。三年（862），加兵部员外郎知制诰，进中书舍人。五年（864），迁户部侍郎。十一年（870），加承旨学士，拜诸道盐铁使。十二年（871），拜礼部尚书，同中书门下平章事。唐僖宗乾符元年（874），出为淮南节度使。六年（879），入为尚书左仆射。广明元年（880）十二月，黄巢起义军攻占长安，翌年（881），因拒降被杀。能诗工文，有《甘棠集》三卷。

土产

《禹贡》:"篠簜既敷,厥草惟夭,厥木惟乔。"◎注:此句出自《尚书·夏书卷三·禹贡》,其义为:箭竹、大竹到处布满,青草生长得十分茂盛,树木长得高耸挺拔。其利金锡。◎注:此语出自《逸周书·卷八·职方解》,其义为:这里盛产获利巨大的金、锡。水居千石鱼陂,皆与千户侯等。不窥市井,坐而待收。◎注:此句节录自《史记·卷一百二十九·货殖列传第六十九》,其义为:依水而居之人,拥有年产千担的鱼塘,他们富有的程度与千户侯相等,无须到集市去叫卖,坐在家里收获渔利。茅山石,◎注:茅山石,产于句容茅山玉晨观(今玉晨村)北之苍龙溪(俗呼冷水涧)中,涧水漱石,坚润如玉。光白,似玉。杂药,纹绫,已上贡。丝,绢,纱,纩,已上赋。

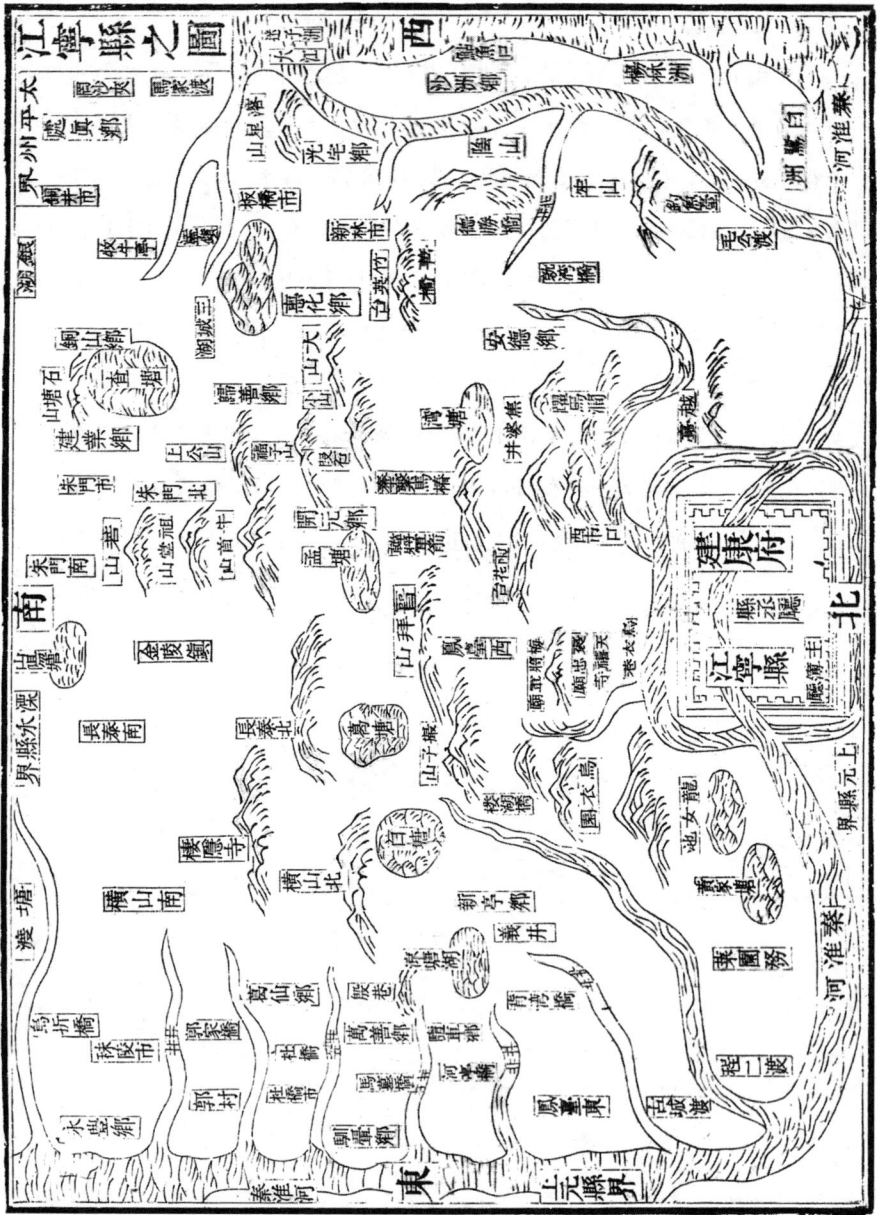

江寧縣之圖（錄自《景定建康志》）

江宁县

今二十二乡，县本秣陵之地，属鄣郡。晋太康三年（282），分淮水为建业，水南为秣陵，即其地。晋元帝过江，始置江宁，县南七十里故城，存焉。隋平陈，废丹阳郡，并秣陵、建康、同夏，三县入焉。开皇十年（590），移于冶城。唐武德六年（623），又移白下，改为白下县。贞观七年（633），移还冶城；九年，复为江宁县。至德二年（757），置升州，县名不改。至上元二年（761），以童谣之言，◎注：时童谣曰：手执金刀起东方。改为上元县。光启三年（887），复为升州，徙县于凤台山西南一里。其址在今南京市秦淮区双塘街道凤游寺社区鸣羊街南端西侧。天祐十四年（917）五月，析上元之南十九乡，割当涂之北二乡，复置江宁县，即上元县为理所。东自太平桥街，北至淮水，与上元分界，今凡二十二乡，是为江宁县理。◎引：《景定建康志》卷十五："江宁县，附郭，东西八十五里，南北九十八里。东至上元县界一里，以御街（今南京中华路）中分为界；西至和州乌江县（今安徽和县乌江镇）界四十里，以鳗鲡洲（今名小黄洲）大江中流为界，自界首至乌江县一十五里；南至溧水县界九十三里，以乌刹桥（今仍名乌刹桥，在江宁禄口东南），跨溧水河为界，自界首至溧水县四十五里；北至上元县界五里，以金陵乡（今南京市鼓楼区宝塔桥街道金陵新村社区）为界；东南到句容县界七十里，以湖山乡（今句容赤山湖管委会赤山村）为界，自界首到句容县九十里；西南到太平州当涂县（今马鞍山市当涂县）界一百六里，以章公塘（今名无考，其地应在今马鞍山市慈湖附近）为界，自界首到当涂县一十七里；东北到上元县界二十五里，以崇礼乡（今南京市秦淮区光华街道）为界；西北到上元县界五里，以金陵乡为界。"卷十六："凤台东乡、凤台西乡（并县东南）、安德乡（县西南）、新亭乡（县东南）、随车乡（县南）、光宅乡（县西南）、开元乡（县南）、万善乡（县南）、长泰南乡、长泰北乡（并县南）、驯翬乡（县东南）、惠化乡（县南）、葛仙乡（县东南）、建业乡（县南）、永丰乡（县东南）、归善乡（县西南）、处真乡（县西南）、铜山乡（县南）、朱门南乡、朱门北乡（并县南）、横山南乡、横山北乡（并县东南），右二十二乡，隶江宁县。"

◎注：江宁县，原为临江县，西晋太康二年（281），以"江外无事，宁静于此"之意，改名江宁。未几，废。永嘉元年（307），复置，治所在城西南六十里今南京市江宁区江宁街道驻地。隋开皇九年（589），陈亡；次年（590），移至冶城东今南京市秦淮区朝天宫街道冶山道院社区王府大街东。唐武德三年（620）后，先后改名归化、金陵、白下，属扬州。贞观九年（635），复称江宁，属润州。上元二年（761），改名上元。天祐十四年（917），分上元县西南19乡及当涂县北2乡，复置江宁县，上、江两县合署，治所在凤台山南今南京市秦淮区双塘街道凤游寺社区花露南岗。南宋建炎三年（1129），县治迁至行宫以西今南京市秦淮区朝天宫街道张府园社区大香炉附近。元至元十三年（1276），县治迁至府城南门外旧县尉司廨今南京市秦淮区中华门街道西街社区。明洪武元年（1368），县治迁城内银作坊原集庆路治所今南京市秦淮区双塘街道弓箭坊社区长乐路与中山南路十字路口东北。清宣统二年（1910），废上元县，并入。民国元年（1912），废江宁县，设南京府。次年（1913）十二月，复设江宁县。民国二十三年（1934），划界交割，县境不涉城内，仅辖乡镇，县治从城中迁至东山镇今南京市江宁区东山街道。1949年4月24日解放，28日，江宁县人民政府成立。2000年12月，国务院批准，江宁县改为江宁区，后经迭次机构改革，现南京市江宁区域境面积1573平方公里，辖6个街道（东山、秣陵、汤山、淳化、禄口、江宁）、2个镇（湖熟、横溪），含128个社区、125个村委会。区政府办公驻东山街道，即江宁区上元大街369号。

慈姥山

《括地志》云："山，积石临江，岸壁峻绝。山上出竹，堪为箫管，属乐府，名为鼓吹山。今并芊茸，头细不任。"又，《舆地志》云："山南有慈姥神庙。"◎引：《景定建康志》卷十七："慈姥山，在城西南一百一十里二百步，周回二里，高三十丈。"◎注：慈姥山，亦称慈母山、慈姥矶。（梁）何逊《慈姥矶》："暮烟起遥岸，斜日照安流。一同心赏夕，暂解去乡忧。野岸平沙合，连山近雾浮。客悲不自已，江上望归舟。"其址在今南京市江宁区铜井街道西南，与安徽马鞍山市慈湖接壤，濒临长江，海拔156米，现属安徽马鞍山市花山区慈湖街道辖境。

三山

在县西南十七里，周回四里，其山孤绝，面东，西截大江。按《舆地志》云："其山积石，滨于大江，有三峰，南

北接，故曰：三山。旧吴为津所。"谢玄晖◎注：谢朓（464～
499），字玄晖，陈郡阳夏（今河南太康）人。好学博闻，文辞清丽。初
为竟陵王萧子良（460～494）功曹，系"竟陵八友"之一。历官中书
郎、宣城太守、南海太守、尚书礼部郎等。永元元年（499），遭徐孝嗣
（453～499）等构陷，下狱死，年三十六岁。有《谢宣城集》。《晚登三
山还望京邑诗》云："灞涘望长安，河阳视京县。白日丽飞
甍，参差皆可见。馀霞散成绮，澄江静如练。（喧鸟覆春洲，杂
英满芳甸。去矣方滞淫，怀哉罢芳宴。佳期怅何许，泪下如流霰。有情
知望乡，谁能鬒不变。）"即此也。◎引：《景定建康志》卷十七："三
山，在城西南三十七里，周回四里，高二十九丈。"◎注：三山，亦称三
山矶，位于南京城西南25公里处，即今南京市江宁区江宁街道西北，
三峰行列，濒临长江，海拔54.5米。六朝时期，为京师西南江防要津，
乃兵家必争之地。唐李白诗句"三山半落青天外"，即指此山。明代山
上建有护国寺，故三山又有护国山之称。

祖堂山

在城南，唐法融◎注：法融（594～657），俗姓韦，润州延陵（今
江苏丹阳）人。神识清亮，博极群书。十九岁阅《般若经》，顿悟，皈
信佛法。后入茅山，依炅法师出家。自此，精进匪懈，渐入大法门，得
获大妙法。贞观四年（630），入金陵牛头山，结茅参修。禅宗黄梅四祖
道信（580～651）闻之，渡江东下至牛头山，亲授顿教法门。法融豁
然，遂创江南禅法之牛头宗，开讲《法华》《大品般若》《大集》诸经，
学徒百千，如水归海；六代相传，盛极一时。显庆二年（657）示寂，
世寿六十四，僧腊四十一。和尚得道于此，为南宗第一祖师，故
名。◎引：《景定建康志》卷十七："祖堂山，在江宁县南四十五里，周
回四十里，高一百二十七丈。东有水，下注平陆。事迹：宋大明三年

（459），于山南建幽栖寺，因名幽栖山。唐贞观初（627），法融禅师得道于此，为南宗第一祖师，乃改为祖堂山。"◎注：祖堂山，位于南京江宁区中部，面积约 3.6 平方公里，最高芙蓉峰海拔 256 米。层峦叠翠，风景极佳。"祖堂振锡"为清代"金陵四十八景"之一，其址在今南京市江宁区秣陵街道祖堂社区。

献花岩

法融禅定于此，百鸟献花，故名。◎引：《献花岩志》自序："牛头山，去城三十里，石居土之十七，僻奥而郁秀，两峰角立，望之若牛头然。山之南五里，有峰起相埒，自麓至颠，皆碧石被藓，藤树杂糅，与石相生。崖之半，一石窟，曰：献花岩。释氏书谓：唐释师法融居此，雪中有奇花，又有鸟衔花之异，岩因以名，而山亦以岩显。故金陵称丛林，必曰：牛首、献花岩、祖堂，而地实相连。"◎注：献花岩，位于江宁牛首山与祖堂山之间，"献花清兴"为清代"金陵四十八景"之一。其址在今南京市江宁区秣陵街道祖堂社区。

白都山

在县西南八十里，周回五百步，西南面临大江。按：《舆地志》云："昔有白仲都◎注：白仲都（生卒不详），著名道教祖师葛玄（164～244）弟子，《太平广记》卷七七："《广撰神录》《金陵六朝记》曰：'白仲都，葛玄弟子，白日升天，至今祠坛见在白都山下。'"馀无考。于此山学道，白日升天，因以为名。"西临大江，孙峻◎注：孙峻（219～256），字子远，吴郡富春（今浙江富阳）人。东吴宗室权臣，官至丞相、大将军，封富春侯。孙权临终，诏其与诸葛恪等同为辅政大臣，后设计诛杀诸葛恪，独揽朝政，大肆残杀宗亲。太平元年（256），恐惧病卒，时年三十八岁。追诸葛恪◎注：诸葛恪（203～253），字元逊，琅邪阳都（今山东沂南）人。聪明伶俐，才思敏捷，起家都骑尉。历任丹阳太守、威北将军，迁大将军领荆州事。神凤元年（252）夏四月，孙权病危，遗诏为辅政大臣之首，加太傅，进丞相，封阳都侯。建兴二年（253），为孙峻所杀害，蒿葬于建业城南石子岗。**子竦**◎注：诸葛竦（233～253），诸葛恪次子，官东吴长水校尉。其父被害后，奉母乘车南逃，被孙峻派人追杀于建业南郊白都山。**于此。**◎引：《景定建康志》卷十七："白都山，在江宁县西南七十里，周回五百步，高二十丈，西临大江。"◎注：白都山，今名柏都山，其址在今南京市江宁区江宁街道陈塘社区。

吉山

在县南五十里，周回二十里，宋征虏将军吉翰◎注：吉翰（372～431），字休文，冯翊池阳（今陕西泾阳）人。廉洁严谨，刚正不阿。东晋末期，以参军起家，历任员外散骑侍郎、从事郎中等。南朝刘宋时，历任太尉司马、龙骧将军、西戎校尉，梁、南秦二州刺史，益州刺史等。元嘉元年（424），朝廷征还，加辅国将军。未几，出任司州刺史、徐州刺史。元嘉八年（431），卒于任所，时年六十岁，追赠：征虏将军。**葬此山，故以为名。**◎引：《景定建康志》卷十七："吉山，在城南四十五里，周回三里，高一十丈，西临大江。"◎注：吉山，位于南京南郊东善桥以西，海拔235.2米。其址在今南京市江宁区秣陵街道吉山社区。

凤台山

在县北一里，周回连三井冈，迤逦至死马涧◎注：亦名落马涧、跃马涧、南涧，其址在南京中华门外西街窑湾，今名南玉带河。河水北流，入外秦淮。宋元嘉十六年（439）有三鸟翔集此山，状如孔雀，文彩五色，音声谐和，众鸟群集，仍置凤凰里，起台于山，号凤台山。◎引：《景定建康志》卷二十二："凤凰台，在保宁寺后。《宫苑记》：凤凰楼在凤台山上，宋元嘉中筑。有凤凰集，以为名。"◎注：凤台山，今名花露岗，位于南京城西南隅，海拔 14 米。"凤凰三山"为清代"金陵四十八景"之一，其址在今南京市秦淮区双塘街道凤游寺社区。

牛头山

在县西南四十里，周回四十七里。按：《舆地志》："山有两峰，时人号为牛头山。晋氏过江，将立双阙，王导生平见《升州》条目下注释出宣阳门，南望牛头山两峰，乃曰：'此即天阙是也。'"◎引：《景定建康志》卷十七："牛头山，状如牛头，一名天阙山，又名仙窟山。在城南三十里，周回四十七里，高一百四十丈。"◎注：牛头山，今名牛首山，位于南京南郊 10 公里处，面积约 5 平方公里，海拔 243 米。其址在今南京市江宁区秣陵街道牛首社区。现为牛首山森林公园。

岩山

在县南四十五里，其山岩险，名曰：岩山。宋孝武◎注：刘骏（430～464），字休龙，小字道民，彭城绥舆里（今江苏徐州铜山）人，宋文帝刘义隆（407～453）第三子，南朝刘宋第五位皇帝。机智聪颖，文武双全。初封武陵王，屡镇外州。元嘉三十年（453），夺取皇位。在位初期，整顿刑律，抑制兼并，尊孔崇佛，恢复礼乐。及至后期，大兴土木，滥用民力，荒淫无耻，耽于享乐。大明八年（464），病逝，时年三十五岁。谥号：孝武皇帝；庙号：世祖。改曰：龙山。葬宣贵妃殷氏◎注：殷淑仪（？～462），本为孝武帝刘骏堂妹，于孝建三年（456）被册封为淑仪，因惧乱伦外泄，故冒姓殷氏。大明六年（462）四月，病卒，追赠：贵妃；谥曰：宣。同年十月，厚葬于建康南郊龙山。于龙山，孝武亦葬此。◎引：《景定建康志》卷十七："龙山，在城西南九十五里，周回二十四里，高一百一十二丈，入太平州当涂县，北有水。以其山似龙形，因以为名。"◎注：龙山，位于南京江宁区西南，山势蜿蜒，状若游龙，海拔125.3米。其址在今南京市江宁区横溪街道西阳社区。

梅岭冈

在县南九里，周回六里。《舆地志》云："在国门之东。晋豫章太守梅颐（颐）◎注：梅颐（生卒不详），字仲真，汝南西平（今河南西平）人。少好学，起家领军司马，历豫章内史至豫章太守。退隐而求实，曾献《尚书》古本于晋元帝司马睿（276～322），故名著于史。家于冈下，故民名之。"◎引：《景定建康志》卷十七："梅岭冈，在城南九里，长六里，高二丈。《旧经》云：东（晋）豫章太守梅颐家于冈下，因名之。上有亭，为士庶游春所。"卷四十四："晋梅将军庙，在城南门外，雨华（花）台东，地名东石子冈。晋梅颐尝屯营于此，又名梅岭冈，或名梅颐营，后人即此立庙。"◎注：梅岭冈，位于南京中华门外雨花东路南侧，即雨花台风景区东北部山岗。遍岭梅树，赏春佳处。其址在今南京市雨花台区雨花街道雨花台社区。

断石冈

在县南二十里，有大碣石，长二丈，折为三段，故以名冈，即吴皇象◎注：皇象（生卒不详），字休明，广陵江都（今江苏扬州）人。幼工书，善篆、隶、章草等。仕孙吴，官至侍中，天玺元年（276），书《天发神谶碑》，碑文似篆似隶，高古奇崛，时人谓之"书圣"。书碣也。◎引：《建康实录》卷四："天玺元年（276），立石刻于岩山，纪吴功德。案《吴录》：其文，东观华覈（219～278）作；其字，大篆，未知谁书，或传是皇象，恐非。在今县南四十里龙山下，其石折为三段，时人呼为段石冈也。"《景定建康志》卷十七："段石冈，在城南二十里，长十二里，高二十二丈。《丹杨记》云：'岩山东有大碣石，长二丈，折为三段，因以名冈。'"◎注：断石冈即段石冈，东吴天玺元年（276）所立之《天发神谶碑》，又称《天玺纪功碑》，初在岩山东冈，后断为三，唐代名其地为段石冈。该碑俗称三段碑，宋天禧二年（1018），移入天禧寺（其址在今南京中华门外大报恩寺）。元祐六年（1091），移入江东转运司（其址在今南京中华路北段东侧锦绣坊王府园）后圃之筹思亭。后贮于江宁县学尊经阁（其址在今南京夫子庙泮宫后山）内。历经元、明、清，至嘉庆十年（1805）尊经阁大火，此碑尽毁无存。《天发神谶碑》宋拓本，现藏于北京故宫博院。段石冈，地名久湮无闻，其址应在今南京市江宁区横溪街道西阳社区。

石子冈

在县南十五里，周回二十里。《吴志》："建业南有长陵，名曰：石子冈。"葬者依焉。◎引：《景定建康志》卷十七："石子冈，一名石子墩，在城南一十五里，长二十里，高一十八丈。《吴志》云：'诸葛恪为孙峻所害，投之于此冈。先是，童谣云：诸葛恪，何弱弱；芦单衣，篾钩络。于何相求成子阁。成子阁，反语石子冈也。'《舆地志》：'宋大明（457～464）中，起迎风观于其上。'《旧经》云：'俗说此冈多细花石，故名石子冈。'"◎注：石子冈，位于南京雨花台西南，其址在今南京市雨花台区铁心桥街道尹西社区。

梁山

宋武帝◎注：刘裕（363～422），字德舆，小字寄奴，彭城（今江苏徐州）人，徙居京口（今江苏镇江）。少时家境贫寒，以贩屦为业。初为北府兵行军司马，从刘牢之（？～402）讨伐孙恩（？～402）、卢循（？～411）。桓玄（369～404）篡晋，复起兵征讨。历任侍中、车骑将军、都督中外诸军事、扬州刺史、录尚书事等，永初元年（420），代晋称帝，国号：宋。三年（422）五月癸亥，崩逝于建康台城西殿。时年六十岁，谥曰：武皇帝；庙号：高祖。七月己酉，葬丹阳建康县蒋山初宁陵。**西下梁山，**◎注：梁山，即天门山，江南岸为东梁山，亦名博望山；江北岸为西梁山，亦称梁山。东西梁山，隔江对峙，宛若天门。李白"天门中断楚江开"，即此。**过乌江，**今安徽和县乌江镇。**有双凤翔于盖，群臣咸呼万岁，乃立双阙于梁山。**◎引：《建康实录》卷十三："大明七年（463），二月甲寅，（宋孝武帝刘骏）车驾西巡济江，立行宫于历阳巢石浦（今安徽和县历阳镇）。丙辰，诏使使祭南岳霍山（今安徽潜山市天柱山）；大蒐于乌江县榜口（今安徽和县乌江镇西）。己未，祭六合山（今南京浦口区顶山）。十一月丙子，小会行所，登白纻山（在今安徽马鞍山市当涂县姑孰镇白纻村）。戊子，幸梁山；癸巳，登梁山，大阅水军于中江，二白雀集于华盖。十二月，立双阙于梁山。"《南史》卷二："大明七年（463），二月甲寅，车驾巡南豫、南兖二州。丁巳，校猎乌江。己未，登乌江县六合山。壬申，车驾至都，拜二庙，乃还宫。冬十月己巳，校猎于姑孰（今安徽马鞍山当涂）。十一月癸巳，祀梁山，大阅水师于中江，有白雀二，集华盖。有司奏改元为神雀，诏不许。十二月丙午，行幸历阳。己未，于博望、梁山立双阙。癸亥，至自历阳。"《昭明文选》卷五六："陆倕《石阙铭》：'晋氏浸弱，宋历威夷；礼经旧典，寂寥无记；鸿规盛烈，湮没罕称。乃假天阙于牛头，托远图于博望。有欺耳目，无补宪章。'李善注：'孝武大明七年（463），博望、梁山立双阙。'"◎注：大明七年（463），立梁山双阙，系宋孝武帝刘骏所为，此处指为宋武帝刘裕，张冠李戴，明显错误。现双阙无存，梁山仍在，东梁山，一名博望山，位于芜湖城北15公里长江东岸，海拔82.12米，其址在今安徽省芜湖市鸠江区龙山街道天门山社区；西梁山，位于和县城南36公里长江西岸，海拔88.1米，其址在今安徽省马鞍山市和县白桥镇西梁山社区。

三井冈

　　县南五里，汲一井，则馀井俱动，故名。◎引：《建康实录》

卷一："越王筑城江上镇，今淮水一里半废越城是也。在三井冈东南一里，今瓦官寺阁在冈东偏也。"《景定建康志》卷十九："《金陵故事》：有三井，在瓦棺寺后，汲一井则二井俱沸，因名其地为三井冈。"◎注：三井冈，今名花露南岗，位于南京城西南隅花露岗以南，其址在今南京市秦淮区双塘街道凤游寺社区。

大江

按：《尚书·禹贡》"岷山导江"，即此江也。始，吴临江建国，谓得天险之固。及晋元帝司马睿，生平见《升州》条目下注释南徙，遂定都焉。今从县西一百二十里，承当涂县分鳖浦上田今安徽马鞍山市当涂县太白镇宁西村为界，纡回屈曲二百九十三里，与和州乌江今安徽和县乌江镇及扬州六合今江苏南京六合区并分中流为界，西引蜀汉，南下交广，东会沧海，北达淮泗，自大禹之源，无不通矣。◎引：《景定建康志》卷十八："大江，隶建康府界者一百二十里，西至和州乌江县（今安徽和县乌江镇）四十里，以鳗鲡洲（今安徽和县大黄洲）中流为界；东北至真州扬子县（今江苏仪征市）七十里，以下蜀镇（今江苏句容市下蜀镇）中流为界；北至真州六合县（今江苏南京市六合区）界四十里，以瓜步（今南京市六合区雄州街道瓜埠社区）戌中流为界。"◎注："无边落木萧萧下，不尽长江滚滚来。"长江西来，由安徽马鞍山慈湖（南岸）及和县乌江（北岸）入境，南岸经南京江宁区、建邺区、鼓楼区、栖霞区，岸线长98公里；北岸经浦口区、江北新区、六合区，岸线长110公里。绕过城区西、北两面再折向东北至栖霞区龙潭（南岸）及六合区瓜埠（北岸）向东出境。江面宽1至2.2公里，浩浩荡荡，回转奔流，已然成为南京穿城而过的黄金水道。

淮水

北去县一里，源从宣州东南◎注：宣州在升州以南三百六十里，此处应作"宣州东北"解，为是。**溧水县乌刹桥，**◎注：乌刹桥，位于溧水河上，地处乌山之尾，因名。原为石墩桥，清初，改建为石拱桥；民国初期，改为木桥；1975年，改为水泥桥；1979年，拆除重建为十孔钢筋混凝土平板桥；2018年，彻底维修，桥貌焕然。现桥长235米，十孔。桥西属南京市江宁区禄口街道，桥东属南京市溧水区柘塘街道。**西流入百五十里。《舆地志》云："始皇巡会稽，凿断山阜。此淮即所凿也，亦名秦淮。"孙盛**◎注：孙盛（308～379），字安国，太原中都（今山西平遥）人。十岁避难渡江，及长，博学多才，善言名理。起家佐著作郎，出补浏阳令。历官征西主簿、咨议参军、廷尉正、从事郎中、安怀县侯、长沙太守、吴昌县侯、秘书监、给事中等。太元四年（379），卒，年七十二岁。笃学不倦，自少至老，手不释卷。著有《晋阳（春）秋》《魏氏春秋》等。**《晋春秋》云："是秦所凿，王导**王导，生平见《升州》条目下注释**令郭璞**◎注：郭璞（276～324），字景纯，河东闻喜（今山西闻喜）人。好经术、古文、奇字，妙于阴阳算历，博学有高才，讷于言论，词赋为中兴之冠。西晋末年，避地江东，历任行军参军、著作佐郎、尚书郎等，后王敦（266～324）引为记室参军。太宁二年（324），王敦反，璞劝无果，被杀，时年四十九岁。及王敦平，追赠弘农太守。璞撰前后筮验六十馀事，书名《洞林》，另有《新林》《卜韵》《尔雅注释》《音义》《图谱》等数十万言，皆传于世。**筮，即此淮也。"又称："未至方山有直渎，行三十许里，以地形论之，淮发源结屈，不类人功，则始皇所掘，宜此渎也。"《丹阳记》云："建康有淮，源出华山，流入江。"徐爰**◎注：徐爰（394～475），本名瑗，字长玉，南琅邪开阳（今江苏南京栖霞区龙潭街道）人。僻善事人，能得人主微旨，颇涉书传，尤悉朝仪。初为东晋大司马府中典军，历任殿中侍御史、南台御史、后军行参军、员外散骑常侍、太常丞、尚书左丞、黄门侍郎、射声校尉、长水校尉、太中大夫、南康郡丞、济南太守、中散大夫等，元徽三年（475），卒，年八十二岁。《释问》云："淮水西北贯都。"《舆地志》："淮水发源于华山，在丹阳湖、姑孰之界，西北流经建康、秣陵二县之间，萦纡京邑之内，至于石头入江，绵亘三百许里。"杜牧◎注：杜牧（803～852），字牧之，号樊川居士，京兆万年（今陕西西安）人。太和二年（828）戊申科第五名进士，授弘文馆校书郎。历官监察御史、国史馆修撰、司勋员外郎，黄州（今湖北新洲）、池州（今安徽贵池）、睦州（今浙江建德）等州刺史，考功郎中、知制诰、中书舍人等。博通经史，长于诗赋，有《樊川文集》。《秦淮诗》云："烟笼寒水月笼沙，夜泊秦淮近酒家。商女不知亡国恨，隔江犹唱后庭花。"◎引：《建康实录》卷一："始皇三十六年（前211），始皇东巡，自江乘（今南京栖霞）渡，望气者云：'五百年后，金陵有天子气。'因凿钟阜，断金陵长陇以通流，至今呼为秦淮。其淮本名龙藏浦，其有二源：一发自华山（今江苏句容宝华山），经句容西南流；一发自东庐山（今南京溧水东庐山）经溧水西北流，入江宁界（今南京江宁方山）二源合，自方山埭西注大江。其二源分派屈曲，不类人功，疑非秦始皇所开。古老相传：方山西渎江土山三十里，是秦始皇开；又凿石硊山，西而疏决此浦，后人因名秦淮也。"《六朝事迹编类》卷五："秦淮，秦始皇东巡会稽，经秣陵，因凿钟山，断金陵长陇以疏淮。或云：断金陵长陇，乃方山也。其淮本名龙藏浦，上有二源：一源发自华山，经句容西南流，华山在句容县界，高九里，似蒋山（今南京钟山）；一源发自东庐山，经溧水西北流，入江宁界，东庐山在溧水县东南十五里，高六十八丈，周回二十里，山西一源入秦淮。二源合自方山埭，西注大江。其分派屈曲，不类人功，疑非秦皇所开。而后人因名秦淮者，以凿方山言之。"◎注：金陵水脉，秦淮为纲。其水古名龙藏浦，有二源：一源自句容宝华山南麓，入句容河，经赤山湖转而西流；一源自溧水东庐山西麓，初为一、二干河，至乌刹桥，入溧水河北流。二水汇于江宁方山埭，复西北流至通济门，再分为二支：一支绕城墙西流为"外秦淮"，一支入东水关携杨吴城濠、青溪、小运河诸水穿城至西水关为"内秦淮"，亦称"十里秦淮"。二支于水西门外再合而为一，西北流至三汊河入江，全长约110公里。"秦淮渔歌"为清代"金陵四十八景"之一。

落马涧

在县东南五里，水下秦淮。宋武陵王即宋孝武帝刘骏，其生平见前《岩山》条目下注释。讨元凶劭，◎注：刘劭（424～453），字休远，彭城绥舆里（今江苏徐州铜山）人，生于建康（今江苏南京），宋文帝刘义隆（407～453）长子，刘宋第四位皇帝。六岁立为太子，居皇储位二十余年，后因反对北伐，使文帝渐生废立之意。元嘉三十年（453）二月，发动政变，闯宫弑父，自立为帝，改元：太初。五月，其弟武陵王刘骏率军讨伐，兵败被杀，时年三十岁。史称刘劭为：元凶、逆劭。斩劭，馀军赴涧而死，水为之溢，因名焉。◎引：《建康实录》卷十三："元嘉三十年（453）四月己未，武陵（刘骏）军次于溧洲（又名烈洲，其址在今南京市江宁区江宁街道新铜社区长江之滨）筑垒，归者相属。壬戌，柳元景（406～465）众军大破元凶等于新亭（其址在今南京市雨花台区安德门至小行一带），退至于涧，劭军人马投涧死者不可胜数，涧水为之不流，至今犹呼为：死马涧。"《景定建康志》卷十八："落马涧，一名南涧，在江宁县南五里，东北流入城濠。事迹：宋孝武讨元凶，元凶军败，人马倾满涧中，时人呼为：落马涧。"◎注：落马涧，又名死马涧、南涧，今名南玉带河。现河长1.16公里，宽7.35米，南起雨花台邓府山，迤北流入外秦淮河。其址在今南京市秦淮区中华门街道西街社区。

娄湖

在县东南十里，灌田二十馀顷，水入舰澳，通秦淮。《舆地志》云："娄侯张昭◎注：张昭（156～236），字子布，彭城（今江苏徐州）人。少好学，善隶书，二十岁察孝廉，不就；举茂才，不应。东汉末（219），大乱，举家南下渡江。孙策（175～200）创业，命为长史、抚军中郎将，极受信任。孙策死，辅立孙权，以为军师，任绥远将军，封由拳侯。孙权称帝，更拜辅吴将军，班亚三司，改封：娄侯。嘉禾五年（236），卒，年八十一岁，谥：文侯。著有《春秋左氏传解》《论语注》《孝经注》等。所创，因名之。宋以为苑。"◎引：《陈书》卷五："太建十年（578）九月乙巳，立方明坛（◎注：明坛，系设有上下四方神明之象的木制祭坛）于娄湖。"《景定建康志》卷十八："娄湖，在城东南一十五里，周回一十里，灌田二十顷，水流入舰澳。《舆地志》云：娄湖苑，吴时张昭所创，有湖以溉田，宋时筑为苑。张昭封娄侯，故谓之娄湖。"◎注：娄湖，位于南京秦淮区江宁路南端，湖早已干涸，仅存地名娄湖头，现名老虎头者。其址在今南京市秦淮区夫子庙街道江宁路社区。

高亭湖

在县东南三十里，周回二十里。《丹阳记》云："王仲祖◎注：王濛（309～347），字仲祖，小字阿奴，太原晋阳（今山西太原）人。少时不羁，有风流美誉，晚节始虚己应物，恕后而行。初任司徒府掾，继外放长山县令，历官司徒左西属、中书郎、司徒左长史等。永和三年（347），卒，年三十九岁，追赠：光禄大夫。墓东南十六里，有高亭湖，周回三十馀里。"◎引：《景定建康志》卷十八："高亭湖，在城东南三十里，周回二十里，溉田二十五顷。"《至正金陵新志》

卷十二："王濛墓，高亭湖侧。"《方舆汇编·职方典》第六百五十三卷："梁墟湖、高亭湖、葛塘湖，俱在府东南。"◎注：高亭湖，位于南京城东南高桥门外，现干涸无踪，了无遗痕。其址应在今南京市江宁区东山街道上坊社区。

葛塘湖

在县东七十里，周回七里，葛公◎注：葛玄（164～244），字孝先，丹阳句容（今江苏句容）人。博览五经，尤嗜老庄。好道喜游，初随左慈（156～289）学道，得《太清丹经》《黄帝九鼎神丹经》《金液丹经》真传，深获吴主孙权信赖。然葛玄不喜仕宦，独爱炼丹济世，广游众山采药。嘉禾二年（233），云游至清江淦阳（今江西樟树）阁皂山，结庐建庵，炼丹制药，成功炼成九转金丹。赤乌七年（244），于清江卧云庵，白日飞升；一说在建业（今江苏南京）方山洞玄观白日飞升，各地有关圣迹颇多。历代道教尊奉为葛天师、葛仙翁、太极仙翁，著有《灵宝经诰》等。在此得仙，故以为名。◎引：《搜神记》卷一："葛玄，字孝先，从左元放（左慈，字元放）受《九丹（金）液仙经》。尝与吴主（孙权）坐楼上，见作请雨土人。帝曰：'百姓思雨，宁可得乎？'玄曰：'雨易得耳。'乃书符著社中，顷刻间，天地晦冥，大雨流淹。帝曰：'水中有鱼乎？'玄复书符掷水中，须臾，有大鱼数百头，使人治之。"《景定建康志》卷十八："葛塘湖，在城东南七十二里，周回七里，溉田四十顷。《旧经》云：昔葛仙翁于此炼丹，故以名之。"《金陵玄观志》卷八："方山洞玄观，葛仙公玄，白日飞升处，吴大帝赤乌二年（240）造，名洞玄观。"《客座赘语》卷九："葛塘湖，在今葛塘寺。"◎注：葛塘湖，位于南京江宁方山以南，湖水干涸成圩田，现有葛塘寺、东葛塘、西葛塘、北葛塘四个自然村散落其间，其址在今南京市江宁区秣陵街道凤凰村（原属高塘村）。

阳刘湖

在县东南六十里，周回三十里，其湖建龙都今名龙都社区埭，在阳刘村今名杨柳村前，故名之。◎引：《景定建康志》卷十八："刘阳湖，在城东南六十里，周回三十里，溉田三十顷。"◎注：阳刘湖，又名刘阳湖，现名杨柳湖，位于南京江宁湖熟东南，湖面约600亩，其址在今南京市江宁区湖熟街道龙都社区。

三城湖

在县南五十里，周回四十里，中有三土城，故名之。◎引：《景定建康志》卷十八："三城湖，在城西南七十三里，周回一十五里，中有三小城，因以名之。"《正德江宁县志》卷二："三城湖，在县西南七十三里，湖中旧有三小城，因名。"《客座赘语》卷九："三城湖、娄湖、梁墟湖、高亭湖……埋为田地，其名，间有存者。"◎注：三城湖，位于南京江宁镇东南上湖村南，明代即干涸无存，埋为田地。其址应在今南京市江宁区江宁街道上湖社区。

板桥浦

在县南四十七里，（阔三丈）五尺，源出观山，◎注：观山，位于南京市溧水区东南，海拔192.3米。三十七里注大江。晋伐吴，其将张悌◎注：张悌（236～280），字巨先，荆州襄阳（今湖北襄阳）人。少有名理，初为屯骑校尉，累官至军师将军，天纪三年（279）八月，任丞相，封山都侯，天纪四年（280）春，晋伐吴，率军迎战于板桥，兵败殉国。死于板桥，即此处。谢玄晖谢朓，生平见《三山》条目下注释《之宣城出新林浦向板桥》诗云："江路西南永，归流东北骛。天际识归舟，云中辨江树。（旅思倦摇摇，孤游昔已屡。既欢怀禄情，复协沧洲趣。嚣尘自兹隔，赏心于此遇。虽无玄豹姿，终隐南山雾。）"◎引：《昭明文选》卷二十七："谢玄晖《之宣城出新林浦向板桥》（略），李善注：郦善长（道元）《水经注》曰：'江水经三山，幽浦（湘浦）出焉。水上南北结浮桥渡水，故曰：板桥浦，江又北经新林浦。"《景定建康志》卷十八："板桥浦，在城西南三十里，阔三丈五尺，深九尺，下入大江。"◎注：板桥浦，今名板桥河，现尚存江宁谷里至雨花板桥 12 公里河段。板桥，位于南京城西南 15 公里处，桥为清康熙二十七年（1688）十一月重建，三孔石拱桥，石板桥面，砖砌桥栏，桥正中嵌石刻"板桥"二字，尽显古朴。其址在今南京市雨花台区板桥街道板桥社区。

莫愁湖

在三山门今水西门外，昔有妓卢莫愁◎注：卢莫愁（生卒不详），传说中人物，一说为河南洛阳人，一说为湖北钟祥人。此处应为洛阳人，相传：南朝宋、齐间（420～502），洛阳少女莫愁，美丽大方，勤劳善良，远嫁江东富户卢家。未几，其夫从军戍边，音书全无，自此，家道中落，遂沦为妓，后满怀愁恨投湖而亡。时人惜之，因其名命湖。家此，故名。◎引：萧衍《河中之水歌》："河中之水向东流，洛阳女儿名莫愁。莫愁十三能织绮，十四采桑南陌头。十五嫁为卢家妇，十六生儿字阿侯。卢家兰室桂为梁，中有郁金苏合香。头上金钗十二行，足下丝履五文章。珊瑚挂镜烂生光，平头奴子提履箱。人生富贵何所望，恨不嫁与东家王。"《正德江宁县志》卷二："莫愁湖，在县西，京城三山门外。莫愁，卢氏妓。时湖属其家，因名。今种芰荷，每风动，香闻数里许。"◎注：莫愁湖，位于南京水西门外大街西侧，现湖面 0.323 平方公里，湖周景点参差，花树繁茂，为休闲旅游佳处，国家 4A 级名胜风景区。"莫愁烟雨"为清代"金陵四十八景"之一，其址在今南京市建邺区莫愁湖街道莫愁湖社区。

大桑浦

在县西十二里，可溉田。吴大帝孙权，生平见《升州》条目下注释时，将讨关羽，◎注：关羽（？～220），字云长，本字长生，河东解县（今山西运城）人。建安初（196），投奔刘备（161～223）帐下，任别部司马；建安五年（200），被曹操（155～220）擒获，礼之甚厚，拜为偏将军，封为汉寿亭侯。后思念刘备心切，尽还曹操所赐，拜书告辞，亡归刘备。受任襄阳太守、荡寇将军。建安二十四年（219），刘备为汉中王，拜羽为前将军、假节钺。是年，孙权（182～252）占领荆州，尽虏羽士众妻子。羽军溃散，被杀于临沮（今湖北宜昌远安县），追谥曰：壮缪侯。**平南将军吕范**◎注：吕范（？～228），字子衡，汝南细阳（今安徽太和）人。少为县吏，有容观姿貌。后避难寿春（今安徽寿州），投孙策（175～200）帐下，历任湖孰相、宛陵令、都督、征虏中郎将等。策死之后，拜裨将军，领彭泽太守，迁平南将军，屯柴桑。孙权（182～252）破羽还，拜吕范为建威将军，封宛陵侯，领丹杨太守，治建业。东吴立国后，累官至前将军、假节、扬州牧，封南昌侯。黄武七年（228），迁大司马，印绶业下，疾卒。及孙权还都建业，过其墓，亲奠，祀以太牢。**屯大桑，即此处也。在蔡州，通大江。**◎引：《三国志》卷五十六："《吕范传》：曹公（曹操，155～220）至赤壁，与周瑜（175～210）等俱拒破之，拜裨将军，领彭泽太守，以彭泽、柴桑、历阳为奉邑。刘备（161～223）诣京（武昌）见权，范密请留备。后迁平南将军，屯柴桑。"《建康实录》卷一："《吕范传》：王（孙权）统事，深重之，进领彭城（彭泽）太守，与周瑜同破曹操于赤壁，以功进平南将军，屯大桑。"《至正金陵新志》卷五："大桑浦，在江宁县西一十里。《寰宇记》：'吴大帝讨关羽时，吕范屯兵处。'然当在上流之柴桑。"◎注：据史乘记载，吕范屯兵应在柴桑（今江西九江），大桑者，柴桑也。故元《至正金陵新志》辨正后，数百年间，所有志书均不载此条。柴桑有溢水过境入江，抑或其入江处曰：大桑浦？推测其址应在今江西省九江市柴桑区沙河街道老街社区。仅供参考。

烈洲

在县西南八十里，周回六十里，《舆地志》："吴旧津所，内有小水，堪泊船，商客多停此，以避烈风，故以名焉。"王浚◎注：王浚（206～285），字士治，弘农湖（今河南灵宝）人。博涉坟典，不修名行；疏通亮达，廓有大志。州郡辟为河东从事，转车骑从事中郎，除巴郡太守。历任益州刺史、右卫将军、大司农、龙骧将军、监梁（州）益（州）诸军事等。太康元年（280），浚发自巴蜀，兵不血刃，攻无坚城，顺流鼓棹，径造三山，攻占建业。平吴之后，以功封抚军大将军、开府仪同三司、加特进等。太康六年（285），卒，时年八十岁，谥：武。伐吴，宿于此。简文◎注：司马昱（320～372），字道万，东晋第八位皇帝，晋元帝司马睿（276～322）幼子。清虚寡欲，尤善玄言。初封会稽王，历任散骑常侍、右将军、侍中、抚军将军、秘书监等。永和元年（345），进位抚军大将军、录尚书六条事；二年（346），专总万机。太和元年（366），进位丞相、录尚书事。咸安元年（371）冬十一月乙酉，即皇帝位。二年（372）秋七月己未，崩于建康台城东堂，时年五十三岁，庙号：太宗。为相时，会桓温◎注：桓温（312～373），字元子，谯国龙亢（今安徽怀远）人。风概豪爽，姿貌甚伟。晋明帝司马绍（299～325）之婿，拜驸马都尉，袭爵万宁男，除琅邪太守，迁徐州刺史。永和二年（346），以都督荆梁四州诸军事、安西将军、荆州刺史、领护南蛮校尉、假节等衔，率众西伐。三战三捷，振旅还江陵，进位征西大将军、开府，封临贺郡公。十年（354），出兵关中；十二年（356），收复洛阳。太和四年（369），第三次北伐，进至枋头（今河南淇县），军粮竭尽，大败而回。宁康元年（373），卒，时年六十二岁，追赠丞相。于此，亦曰：栗洲。洲上有山，山形如栗。伏滔◎注：伏滔（约317～396），字玄度，平昌安丘（今山东安丘）

人。有才学，少有名。州举秀才，辟别驾，皆不就。桓温（312～373）引为参军，深加礼接。以功封闻喜县侯，除永世（今江苏溧阳）令。温薨，领华容（今湖南华容）令。太元（376～396）中，拜著作郎，专掌国史，领本州大中正，迁游击将军。卒于官。《北征赋》谓之烈洲。

◎引：《景定建康志》卷十七："烈山，去江宁县西南七十里，近处真乡（今江宁铜井牧龙村）。近烈洲，临江中流，故曰：烈山。其山四面峭绝，下瞰大江，风涛汹涌，商旅常泊舟，依山以避风。"《景定建康志》卷十八："烈洲，在城西南七十里，吴旧津所也。内有小河，可泊船，商客多停此，以避烈风，故以为名。"◎注：烈洲，位于南京江宁区西南大江边，因烈山而命名，旧志亦称栗洲、溧洲，然江中洲渚，历经岁月，往往此长彼消，其址应在今南京市江宁区江宁街道新铜社区长江之滨。与其相对，处于江心的新济洲，现已辟为国家级湿地公园——南京长江新济洲国家湿地公园。

蔡洲

在县西十二里，周回五十里，《丹阳记》云："吴（帝）孙权，生平见《升州》条目下注释时，客馆在蔡洲上，以舍远使。苏峻生平见《升州》条目下注释作逆，陶侃◎注：陶侃（259～334），字士行，庐江寻阳（今湖北黄梅）人。早孤贫，为县吏。举孝廉，至洛阳（今河南洛阳），除郎中。历任南蛮长史、江夏太守、扬武将军、龙骧将军、武昌太守、广州刺史、平越中郎将等。太兴初（318），进号平南将军，加都督交州军事。王敦（266～324）反，进号征南大将军；及王敦平，迁都督荆、雍、益、梁州诸军事，领护南蛮校尉、征西大将军、荆州刺史等。咸和三年（328），苏峻作逆，率部勤王，斩苏峻于石头城阵前。迁侍中、太尉，都督荆、交等八州军事。为政慎密，忠于职守。常勉人惜寸阴，毋醉饮赌博。咸和九年（334）六月，病逝，时年七十六岁，追赠：大司马；假蜜章，祠以太牢；谥曰：桓。等率所统，同赴京师，直指石头，次于蔡洲。"◎引：《景定建康志》卷十八："蔡洲，今名蔡家沙，在城西南一十二里，周回五十五里。"《至正金陵新志》卷五："蔡洲，今名蔡家沙，一名蔡家洲，在城西南十二里。隔岸，吴时为客馆。"◎注：蔡洲，位于南京水西门外西南部，六朝时为江中洲渚，唐宋时已涨成近岸沙地，元末明初沙洲靠岸成陆。明永乐初（1403），建成沙洲圩，面积达 52.13 平方公里。现已扩建为新城区，其址在今南京市建邺区沙洲街道辖境内。

张公洲

在县南四里，周回三里。按《梁书》："太清二年（548），豫州刺史裴之高◎注：裴之高（480～552），字如山，河东闻喜（今山西闻喜）人。颇好读书，少负意气。起家州从事、新都令、奉朝请，迁参军。历官豫章长史、梁郡太守、都城县男、飙勇将军、颍州刺史、光远将军、谯州刺史、左军将军、南谯太守、监北徐州、员外散骑常侍、雄信将军、西豫州刺史等。参与平定侯景之乱，以功为侍中、护军将军、特进、金紫光禄大夫。承圣元年（552），卒，时年七十三岁，谥曰：恭。等，舟师二万，次张公洲。三年（549），陈霸先即陈高祖，生平见《升州》条目下注释击破侯子鉴，◎注：侯子鉴（生卒不详），侯景帐下心腹大将，中军都督。太清三年（549），将兵攻吴郡（今江苏苏州）；大宝元年（550），攻克广陵（今江苏扬州），屠城，被任南兖州刺史；承圣元年（552），兵败姑熟（今安徽当涂）。旋渡江北逃降于北齐，不知所终。师至张公洲。"并此处。◎引：《梁书》卷二十八："侯景乱，（裴）之高率众入援，南豫州制史、鄱阳嗣王范〔萧范（498～550），字世仪，梁武帝之孙〕命之高总督江右援军诸军事，顿于张公洲。"《景定建康志》卷十八："张公洲，在城西南五里，周回三里。"《读史方舆纪要》卷二十:"张公洲,周回三里,在江宁县西南五里,盖蔡洲之别渚也。"◎注:张公洲,位于南京江东门附近,系蔡洲以北之小洲,唐宋时,其洲即涨成陆地;明清时,业已成为良田。其址应在今南京市建邺区莫愁湖街道江东门社区。

加子洲

在县西南十三里,周回十二里。按《三十国春秋》:"晋咸和二年(327),温峤生平见《升州》条目下注释与陶侃生平见《蔡洲》条目下注释起义兵,伐苏峻,生平见《升州》条目下注释。率师四万,直指石头。侃泊加子洲。"即此处。夏月,堪泊船;冬月,浅涸。永昌之初(322),其洲忽一日崩陷数里,其形曲折,凡作九湾,行者所依。◎引:《景定建康志》卷十八:"加子洲,在城西南十三里,周回一十二里。"《正德江宁县志》卷二:"大城港(今大胜关)对北岸,有浦子口渡。渡上下,有鸡距洲,有乌沙洲,有杨林浦,有籓枪洲,有木瓜洲,有丁翁洲,有董云洲。洲西有小江,名曰:沣江,故亦名沣江场。有加子洲,有蔡洲,一名蔡家洲。近南岸有白鹭洲。"◎注:加子洲,位于南京西南建邺区双闸街道大胜关对岸,即浦口区桥林街道滨江地区,与古蔡洲南北相望。唐宋以降,逐渐东消西涨,近岸成圩。其址应在今南京市浦口区桥林街道滨江社区。

长命洲

在县西四里,周回十五里。《舆地志》云:"梁武帝生平见《人物》条目下注释遣人放生于此洲,仍置十户在洲中,掌谷粟,以饲之,故呼为:长命洲。魏使李恕(谐)◎注:李恕应为李谐之误。李谐(496~544),字虔和,北魏顿丘(今河南清丰)人。少俊爽,博学有文才。起家太尉参军,历官尚书郎、著作佐郎、辅国将军、光禄大夫等。孝庄帝〔元子攸(507~531),字彦达,北魏第十二位皇帝。〕永安二年（529）时，元颢〔元颢（483～529），字子明，北魏宗室〕入洛阳（今河南洛阳），以为黄门侍郎，颢败，除名。孝静帝〔元善见（524～552），鲜卑人，东魏第一位皇帝〕时，官散骑常侍。天平三年（537）秋七月，出使南朝梁国，江南称其才辩，还授秘书监。武定二年（544），卒，时年四十九岁。有《述身赋》传世。来朝，帝正放生，问恕（谐）曰：'北主颇知此乎？'恕（谐）对曰：'本国不取，亦不放。'帝无以应之。"◎引：《六朝事迹编类》卷五："长命洲，梁武帝放生之所也，在石头城前。帝日市鹅鸭鸡豚之属放此洲，名为长命。洲置户十家，常以粟、谷喂饲，岁各千石，而为狐狸所食，及掌户窃而烹者各半。"《梁书》卷三："大同三年（537）秋七月癸卯，魏遣使来聘。"《舌华录》讥语第十三（67）："北朝李谐至南，梁武与之游历。至放生处，帝问曰：'彼国亦放生不？'谐对曰：'不取亦不放。'帝赧然。"◎注：长命洲，位于南京石头城以西、外秦淮河西岸，唐宋以降，涨延敷生，终成阡陌。现代开发建设，大道通衢，高楼林立，已然融入市区矣。其址应在今南京市鼓楼区凤凰街道凤凰花园社区。

穿针楼

在县理东北，齐武帝◎注：萧赜（440～493），字宣远，小名龙儿，南兰陵（今江苏常州）人，生于建康（今江苏南京）青溪宅。南齐第二位皇帝，初为刘宋寻阳国侍郎，辟州西曹书佐，出为赣令。累官至散骑常侍、尚书仆射、中军大将军、开府仪同三司。建元元年（479），齐国建，被立为皇太子。四年（482），即位，年号：永明。永明十一年（493）秋七月戊寅，崩于建康台城延昌殿，时年五十四岁，庙号：世祖；谥号：武皇帝。七夕，令宫人穿针于此。◎引：《六朝事迹编类》卷四："层城观，一名穿针楼，《舆地志》云：齐武帝七月七日使宫人集此，是夕穿针以为乞巧之所。亦曰：穿针楼，在台城内。"《景定建康志》卷二十二："层城观，亦名穿针楼，旧在华林园景云楼东，宋元嘉（424~453）中造，后废。考证《舆地志》云：齐武帝七月七日使宫人集层城观，穿针乞巧，因号：穿针楼。"◎注：穿针楼，原名层城观，位于台城华林园（今南京珠江路东段南侧），现无存。其址应在今南京市玄武区梅园新村街道梅园新村社区。

杏花村

在县理西，相传杜牧之生平见《淮水》条目下注释沽酒处。◎引：《景定建康志》卷二十三："制效军寨，二所：一在城南门外虎头山，一在城里杏花村。"《至正金陵新志》卷十一："大通尼寺，即大通庵，宋咸淳元年（1265）建，郡守马光祖（1200~1274）立石。庵本在御街（今南京中华路）南隅，刘观察虎（？~1265）子如秀岩，落发为尼，移庵额于秦淮南杏花村内，建今寺。"《正德江宁县志》卷六："杏花村，在京城西南隅，与凤凰台相近。村中人家，多植杏树，间竹成林。成化间（1465~1487），成国庄简公〔朱仪（1427~1496），字炎恒（一作延垣），直隶怀远（今安徽怀远）人。景泰三年（1452年），袭成国公爵位；天顺七年十二月（1464），任南京守备，兼掌南京中军都督府事；成化二十三年（1487），进太子太傅。弘治九年（1496），病逝，时年七十岁。赠：太师；谥：庄简。〕司留钥，因视城经此爱之。尝值杏花开，命驾一赏。是后，游者每春群集，遂成故事。"《金陵古今图考》历代互见图考："绕南城角高处，南唐升元阁基。少北高阜，皆凤凰台、山。少西即建初寺，寺西即杏花村。"◎注：杏花村，位于南京城南，门西花露岗西南麓。唐宋时，为军寨所据。元明以后，渐成城中阡陌，每逢春事，游冶极盛，故地名一直沿用至1950年。其址在今南京市秦淮区双塘街道凤游寺社区。

白鹭洲

在县西三里，隔江中心，南边新林浦。白鹭洲在大江中，多聚白鹭，因名。◎引：《六朝事迹编类》卷五："白鹭洲，《图经》云：'在城西南八里，周回十五里。对江宁之新林浦。唐·李白诗云：'三山半落青天外，二水中分白鹭洲。'"《景定建康志》卷十八："白鹭洲，在城之西，与城相望，周回一十五里。事迹：郦道元《水经》云：'江宁之新宁浦，西对白鹭洲。'《丹阳记》曰：'白鹭洲，在县西三里。洲在大江中，多聚白鹭，因以名之。'"◎注：白鹭洲，位于南京莫愁湖以西至上新河一带，古张公洲以北。唐宋时，其洲已呈东涨西陷，至元明时，水道西移，洲体与陆地相连，洲名遂湮。其址应在今南京市鼓楼区江东街道辖境内。

故秣陵县城

在县南五十五里，秣陵桥东北。◎引：《建康实录》卷一："秦之秣陵县城，即在今县城东南六十里，秣陵桥东北故城是也。"《景定建康志》卷十六："秣陵镇，在江宁县南五十里；秣陵桥，在城东南五十里。"《金陵古今图考》秦秣陵县图考："秣陵，云在城东南六十里秣陵浦处，今秣陵镇即其地。"◎注：秦秣陵县城，位于南京江宁区中部，西有云台山河，东有溧水河，地势平缓，人口稠密。古秣陵县城，土筑，数千年沧桑，早已废圮无痕。其址应在今南京市江宁区秣陵街道，即原秣陵镇为是。

故江宁县城

在县南七十里。《舆地志》："晋永嘉（307～312）中，帝初通江南，以江外无事，宁静于此，因置江宁县。南门临浦水，至今呼江宁。"《晋书》云："元帝司马睿，生平见《升州》条目下注释出师，檄四方，以有玉册见临安，白玉麒麟神玺出江宁，其文曰'长寿万年'，日有重晕，皆以为中兴之象。"唐贞观七年（633），始移来此置。上元二年（761），又改为上元县理。◎引：《建康实录》卷五："江宁，县名，元帝（司马睿）初过江，永嘉（307～312）中，置之。在今县城南七十里，南临浦水。其水源出宣州当涂县下溪村，西流入江，名江宁浦也。"《至正金陵新志》卷一："江宁县，古城在今城西南七十里，南临江宁浦，周六里四十步。其地仍在县境。"《正德江宁县志》卷七："古江宁县城，按《金陵志》：在府城西南七十里，南临江宁浦，周六里四十步。"◎注：古江宁县城，位于南京西南30公里处，长江东岸。江宁浦，今名江宁河，仍在。自古至今，历经沧桑，江宁之名，始终如一。其址在今南京市江宁区江宁街道，即原江宁镇是也。

古檀城

在金华桥◎注：金华桥，原为青溪七桥之菰首桥，唐时改为金华桥，其址应在今南京玄武区后宰门附近东，晋谢安石◎注：谢安（320～385），字安石，陈郡阳夏（今河南太康）人。出身南迁士族，神识沉敏，风宇条畅，善行书。初辟司徒府，除佐著作郎，并以疾辞。寓居会稽（今浙江绍兴），屡辞征召，无处世意。四十多出仕，历官行军司马、吴兴太守、侍中、吏部尚书、中护军、尚书仆射、扬州刺史、中书监、骠骑将军、录尚书事、司徒，都督扬豫徐兖青五州幽州之燕国诸军事、假节等。太元八年（383），前秦苻坚（338～385）大举南下，次于淮淝，朝廷震恐，安石出奇制胜，获淝水大捷。以功拜太保，旋上疏北征，乃进都督扬、江、荆、司、豫、徐、兖、青、冀、幽、并、宁、益、雍、梁十五州军事，加黄钺。太元十年（385），薨，时年六十六岁。赠：太傅；封：庐陵郡公；谥曰：文靖。围棋赌得别墅，乞与外甥羊昙。◎注：羊昙（生卒不详），泰山南城（今山东平邑）人，知名士也。谢安外甥，善唱乐，为安所重。安薨后，辍乐弥年，行不由西州（今南京朝天宫）路。尝因醉过西州门，扶路唱乐，策马扣扉，诵曹子建"生存华屋处，零落归山丘"诗句，恸哭而去，不知所终。即此也。宋属檀道济，◎注：檀道济（？～436），高平金乡（今山东金乡）人，世居京口（今江苏镇江）。初为刘裕（363～422）部将，累迁太尉参军，封作唐县男。义熙十二年（416），随刘裕北伐，以为琅邪内史，历官丹阳尹、护军将军、镇北将军、南兖州刺史。文帝即位，进封武陵郡公，迁征南大将军、开府仪同三司、江州刺史、司空等。元嘉十三年（436）春，被诬杀，时人歌曰：可怜白浮鸠，枉杀檀江州。道济死日，京师地震。缘以为名。◎引：《舆地志》卷十五："檀城，本谢玄之别墅，太傅谢安与玄奕棋所胜者。至宋，属檀道济，故名檀城。"《景定建康志》卷二十："檀城，本谢玄（343～388）之别墅，太傅谢安（320～385）与玄奕棋计胜处。至宋，属檀道济（？～436），故名檀城。《图经》云：'在县东八里。'今按《建康实录》：'在墅城东八里。'非去县八里也。《地图》谓之城子墅，今清风乡有城子村，在黄城桥之西，即其地，去府城四十里。"◎注：檀城，原名东山墅、土山墅，位于南京江宁东山街道土山南麓。东山再起，运筹帷幄，决胜千里，自毁长城等众多历史典故，均出于斯，阅之令人观止。其址在今南京市江宁区东山街道东山社区。

台城

在钟山侧，即晋建康宫城，一名苑城。◎引：《建康实录》卷二："建康宫城，即吴苑城，城内有仓，名曰：苑仓。"《景定建康志》卷二十："台城，一曰苑城，本吴后苑城。晋成帝咸和（326～334）中，新宫成，名'建康宫'，即今所谓台城也。在上元县东北五里，周八里，濠阔五丈，深七尺。今胭脂井南至高阳楼基二里，即古台城之地，尽为军营及居民蔬圃。"◎注：台城，即吴苑城、晋建康宫城，位于南京玄武区大行宫以北、珠江路以南，东至杨吴城濠，西至延龄巷。作为皇宫禁苑，自孙吴黄龙元年（229）至隋开皇九年（589）360年间，历经东吴、东晋、宋、齐、梁、陈，六朝39帝，极尽奢华，华夏正声，赖以延衍。然兴衰无定，自腐必亡，巍巍宫城，终遭荡垦。诚所谓"六朝文物草连空"也。其址在今南京市玄武区梅园新村街道梅园新村社区和大行宫社区。

华林园

在台城内。晋简文帝司马昱，生平见《烈洲》条目下注释曰："会心处，不必远，翳然林水，便有濠、濮间趣，鱼鸟自来亲人。"◎引：《舆地志》卷十五："华林园，吴时旧宫苑也。晋孝武〔司马曜（362～393），字昌明，东晋第九位皇帝〕更筑立宫室。宋元嘉二十二年（445），重修广之。又筑景阳、武壮诸山，凿池名大渊，造景阳楼以通天观。至孝武大明（457～464）中，紫云出景阳楼，因改为景云楼。又造琴堂，东有双树连理，又改为连玉堂。又造灵曜前后殿，又造芳香堂、日观台。元嘉（424～453）中，筑蔬圃，又筑景阳东岭，又造光华殿，设射棚，又立凤光殿、醴泉堂、花萼池，又造一柱台、层城观、兴光殿。梁武〔萧衍，生平见《人物》条目下注释〕又造重阁，上名重云殿，下名兴光殿，及朝日、明月之楼，登之而阶道绕楼九转。自吴、晋、宋、齐、梁、陈六代，互有构造，尽古今之妙。陈永初〔应为永定，557～559〕中，更造听讼殿。天嘉三年（562），又作临政殿。其山川制置，多是宋将作大匠张永〔张永（410～475），字景云，吴郡吴县（今江苏苏州）人，南朝刘宋大臣，官至侍中、金紫光禄大夫。〕所作。其宫殿数多，旧来不用，乃取华林园为号。"《景定建康志》卷二十二："古华林园，在台城内，本吴宫旧苑也。《世说》：'晋简文帝在华林园谓左右曰：会心处不必在远，翛然林水，便有濠濮间趣，觉鸟兽禽鱼，自来相亲。'《建康宫阙簿》云：'宋元嘉（424～453）中，筑蔬圃。二十二年（445），更修广之，筑天泉池，造景阳楼、大壮观、花光殿，设射棚，又立凤光殿、醴泉堂。'"◎注：华林园，位于台城内东北部，楼台亭榭，泉池丘垅，参差分布，错落有致。其址在今南京市玄武区梅园新村街道梅园新村社区。

临春阁

在台城内。陈后主◎注：陈叔宝（553～604），字元秀，小字黄奴，吴兴长城（今浙江长兴）人，生于江陵（今湖北荆州）。太建元年（569），立为皇太子；十四年（582），即位。在位期间，赋役繁重，刑罚苛暴，大造宫室，游宴侈靡，不问政事。祯明三年（589）春正月，隋军破建康，与张丽华等共匿景阳井中，旋被执。三月，发自建康，入于长安（今陕西西安）。隋仁寿四年（604）十一月壬子，薨于洛阳，时年五十二岁。谥曰：炀；葬河南洛阳之邙山。建，张丽华◎注：张丽华（560～589），兵家女也。家贫，父兄以织席为事。后主为太子，以选入宫。因得幸，遂有娠，生太子深。〔陈深（576～?），字承源，后主第四子也。至德元年（583），封始安王；祯明二年（588），立为皇太子。三年（589），城破国亡，随后主俱入长安（今陕西西安）。隋大业（605～617）中，为枹罕（今甘肃临夏）太守。后不知所终。〕后主即位，封为贵妃。性聪惠，甚被宠遇。好厌魅之术，以惑后主，由是爱倾后宫。及隋军陷台城，与后主俱入于井，隋军出之，斩榜于青溪中桥（今四象桥）。居此。◎引：《六朝事迹编类》卷四："三阁，陈后主至德二年（584），于光昭殿前起临春、结绮、望仙三阁。高数十丈，并数十间，其窗牖、户壁、栏槛之类，皆以沉檀为之。又饰以金玉，间以珠翠，外施朱帘，内设宝帐。其服玩之属，瑰丽皆近古所未有。每微风至，香闻数里。朝日初照，光映后庭。其下积石为山，引水为池，植以奇树，杂以花药。后主自居临春阁，张丽华居结绮阁（丽华本兵家女，以织席为业），龚、孔二贵妃居望仙阁，并复道交相往来。以宫人有文学者袁大舍等为女学士，后主每引宾客江总〔江总（519～594），字总持，济阳考城（今河南兰考）人。笃学有才，历仕梁、陈、隋三朝，官至尚书令。能属文，有集三十二卷，已佚。〕等，对贵妃游宴，则使诸贵人及女学士与狎客赋诗，互相赠答。采其尤艳丽者以为词，被以新声。采宫女有容色者千百数，习而歌之。分部迭进，持以相乐。其曲有《玉树后庭花》《临春乐》等。丽华聪慧有神采，尝于阁上靓妆临于轩槛，宫中遥望，飘若神仙。才辩强记，善候人颜色；荐诸宫女，后宫咸德之。又工厌魅之术，假鬼道以惑后主；置淫祀于宫中，聚诸女巫使之鼓舞。时后主怠于政事，百官启奏，并因宦者蔡临儿、李善度进请。后主每置张丽华于膝上，共决之。大臣有不从者，因而谮之，言无不听。于是，张、孔之权，熏灼四方；内外交结，货贿公行；赏罚无常，纲纪瞀乱矣。及隋军克台城，二妃与后主俱入井，隋军出之。晋王广〔杨广（569～618），隋朝皇帝，开皇元年（581），立为晋王。开皇二十年（600），夺得太子位。仁寿四年（604），弑父夺得帝位。大业十四年（618）三月，被宇文化及（？～619）等缢杀于江都（今江苏扬州），谥曰：炀帝。〕命斩之于青溪栅下。"《景定建康志》卷二十一："临春、结绮、望仙三阁，陈后主至德二年（584）起。考证《宫苑记》：'在华林园天泉池东，光昭殿前。高数十丈，并数十间，其窗牖、户壁、栏槛之类，皆以沉檀为之。又饰以金玉，间以珠翠，外施珠帘，内设宝帐，其服玩瑰丽，近古所未有。其下积石为山，引水为池，植以奇树，杂以花药。后主自居临春阁，张丽华居结绮阁，龚、孔二贵妃居望仙阁，并复道交相往来。使女学士与狎客赋诗，采其尤艳丽者以为词，被以新声，其曲有《玉树后庭花》《临春乐》等。丽华聪慧有神采，尝于阁上靓妆临轩槛，宫中遥望，飘若神仙。"◎注：临春阁，位于台城华林园东北部，为陈后主三阁之一，建于至德二年（584），被荡垦于祯明三年（589），前后存世仅六年，历经繁华，极尽奢侈。然盛衰有故，世事无常，雕栏玉砌转瞬灰飞烟灭者，诚非虚言也。其址应在今南京市玄武区梅园街道梅园新村社区东北端。

景阳楼

在台城内。齐武帝萧赜，生平见《穿针楼》条目下注释时，置钟其上，宫人闻钟声即起。◎引：《六朝事迹编类》卷四："景阳楼，《舆地志》云：'宋元嘉二十二年（445）筑，至孝武大明（457～464）中，紫云出景阳楼，因名之。'今法宝寺西南，遗址尚存。"《景定建康志》卷二十一："景阳楼，今法宝寺西南，精锐中军寨（其址在今南京珠江路太平桥南侧）内，遗址尚存，里俗称为景阳台。考证《舆地志》：宋元嘉二十二年（445），修广华林园，筑景阳山，始造景阳楼。孝武大明元年（457），紫云出景阳楼，诏改为庆云楼（《宫苑记》云：景云楼）。齐武帝时，置钟景阳楼上，应宫人闻钟声并起妆饰。"◎注：景阳楼，位于台城内华林园北部，为华林园内重要标志性建筑，建于元嘉二十二年（445），毁于祯明三年（589），其间屡经修缮，终难逃一劫，销荡无存。其址应在今南京市玄武区梅园新村街道梅园新村社区北端太平桥南。

景阳井

在台城内，一名胭脂井。陈后主与张丽华、孔贵人◎注：孔贵嫔（？～589），生平无考，史书无传，唯陈后主携张丽华、孔贵嫔共入景阳井和佞臣孔范（生卒不详）与孔贵嫔结为兄妹两则，以及与张丽华同被斩于青溪中桥等记载，散见于史籍。投入，避隋兵，后名为辱井。◎引：《六朝事迹编类》卷五："景阳井，一名胭脂井，台城中景阳宫井也。按《南史》：'隋克台城，陈后主与张丽华、孔贵嫔俱入井，隋军出之。'故杜牧之诗云'三人出晋井'，谓此也。其井有石栏，上多题字，旧传云：栏有石脉，以帛拭之，作胭脂痕。或云：石脉之色类胭脂，故云。"《景定建康志》卷十九："景阳井，一名胭脂井，又名辱井，在台城内。陈末，后主与张丽华、孔贵嫔投其中，以避隋兵。其井有石栏，多题字。旧传云：栏有石脉，以帛拭之，作胭脂痕。或云：石脉色类胭脂。案《曾南丰集·辱井铭》曰：'辱井有篆文云：辱井在斯，可不戒乎！'"◎注：景阳井，位于台城华林园景阳楼下，因井栏石脉有绛痕，故又名胭脂井，陈亡后，毁无存。唐宋时，有热血之士于今鸡鸣寺后山麓，掘一井，名之胭脂井，附会景阳，以示陈亡之警。此井虽非六朝旧物，然辱井在斯，亦足以震聋发聩矣。其址应在今南京市玄武区梅园新村街道梅园新村社区太平桥南。

草堂

在钟山北，周颙◎注：周颙（441～491），字彦伦，汝南安城（今河南汝南）人。音辞辩丽，出言不穷；宫商朱紫，发口成句；泛涉百家，长于佛理。初仕刘宋为海陵国侍郎，历官厉锋将军、肥乡令、成都令、抚军行参军、剡令、三府参军等。入齐，历任后军参军、山阴令、中军录事参军、正员郎、前军咨议等。后于钟山西立隐舍，休沐则归之。转太子仆，迁中书郎，历国子博士，至给事中，永明九年（491）冬，卒于官，时年五十一岁。隐此。颙出仕，孔稚圭◎注：孔稚珪（447～501），字德璋，会稽山阴（今浙江绍兴）人。博学涉广，时有美誉。风韵清疏，好文咏，举秀才，以州主簿起家。历官尚书殿中郎、记室参军、正员郎、中书郎、尚书左丞、骁骑将军、黄门郎、太子中庶子、廷尉、御史中丞、平西长史、南郡太守、太子詹事、散骑常侍等。永元三年（501），卒，时年五十五岁，赠金紫光禄大夫。作《北山移文》，假"草堂之灵"嘲之，即此也。◎引：《景定建康志》卷十七："齐周颙亦于钟山西立隐舍，遇休沐则归，仍造草堂寺以处僧慧约，寺即颙之所居也。后颙出为海盐令，孔稚圭作《北山移文》以讥之。"《至正金陵新志》卷十一："隆报宝乘禅寺，即旧草堂寺，在上元县钟山乡，去城十一里。齐周颙隐居之所，后颙出仕，孔稚圭作《北山移文》假'草堂之灵'以讥之。《高僧传》云：时有释慧约〔慧约（453～

536)，俗姓楼，名灵璨，字德素，乌伤竹山（今浙江义乌）人。七岁习《论语》《孝经》，十二岁赴剡县学佛，十六岁落发出家于上虞东山寺，拜惠静和尚为师，法号：慧约。后游学山阴天柱寺、梵居寺、西台寺，博览经书，佛理大进。周颙任剡县令时，相结善缘甚笃。逮周颙回京师在钟山建草堂寺，应邀住持，受到朝廷大臣乃至梁武帝的青睐与看重。大同二年（536）九月，示寂，年八十四，僧腊六十八。〕姓娄，少达妙理，颙素所钦服，乃于钟山旧馆，造草堂寺以居之。今寺左乃娄约置台讲经文之地，寺后即颙旧居也。唐会昌（841～846）中，寺废。宋复建，治平（1064～1067）中，赐额：宝乘。绍兴三十二年（1162），改赐今额。"《金陵梵刹志》卷十五："草堂寺，在钟山，一名宝乘寺。元泰定（1324～1327）间，殿宇大备。至正丁酉（十七年，1357），毁兵燹。洪武七年（1374），以其地为开平忠武王〔常遇春（1330～1369），字伯仁，怀远（今安徽怀远）人。勇力绝人，至正十五年（1355），投朱元璋（1328～1398），转战南北，屡建奇功，官至中书平章军国事，封鄂国公。洪武二年（1369），率部北征至开平（今河北唐山开平区），大胜，班师途中病卒。时年四十岁。赠：开平王；谥：忠武。〕墓，拔杨府庄田易之。"◎注：草堂，即周颙旧居后为草堂寺者，位于金陵钟山西北麓，地属原上元县钟山乡也。寺院延至明洪武七年（1374），因建开平王常遇春（1330～1369）墓，拆迁无存。其址应在今南京市玄武区玄武湖街道板仓社区。

八功德水

在钟山东。梁胡僧昙隐此，值旱，有庞眉叟谓曰："予，山龙也，措之何难。"俄而一沼沸出。后有西僧至，云：本域八池，已失其一。《旧志》："一清，二冷，三香，四柔，五甘，六净，七不噎，八蠲疴。"◎引：《景定建康志》卷十九："八功德水，在蒋山悟真庵后，因梁天监得名。事迹：《天圣记》云：钟山之阳，有泉曰：八功德。梁天监（502～519）中，有胡僧昙隐飞锡寓止修行。有一庞眉叟相谓曰：'予山龙也，知师渴，饮功德池，措之无难矣。'人与口灭，一沼沸成。深仅盈寻，广可倍丈；浪井不凿，醴泉无源；水旱若初，澄挠一色。厥后，西僧继至，云：'本域八池，一已瞀矣。此味大较相类，岂非竭彼盈此乎？'一清，二冷，三香，四柔，五甘，六净，七不噎，八蠲疴，又其效也。"《金陵梵刹志》卷三："八功德水，在旧悟真庵后，僧法喜以居。无泉，竭诚礼忏，求西天阿耨池八功德水。方求七日，遂获此泉。一清，二冷，三香，四柔，五甘，六净，七不噎，八蠲疴。自梁以前，尝取给御。洪武年间（1368～1398），迁寺，时旧池就涸，从寺东马鞍山下通出。先年，以木为笕，通水入寺。宣德五年（1430），以石易之。因火灾，后三年，水竭不到。至正统元年（1436），久旱，忽涌出如初。今复竭。"◎注：八功德水，初在旧悟真庵后，即今钟山紫霞湖南侧。悟真庵，梁代名开善寺，唐改宝公院，宋名太平兴国寺，明初改名蒋山寺。洪武十四年（1381），八功德水随蒋山寺迁至钟山东南麓灵谷寺龙王庙边，延续至今。其址在今南京市玄武区钟山风景区灵谷寺东南。

忠孝亭

晋卞壸◎注：卞壸（281～328），字望之，济阴冤句（今山东荷泽）人。弱冠有名誉，以著作郎起家，行广陵相。司马睿镇建邺，召为从事中郎。仕元、明、成三帝，历官太子中庶子、散骑常侍、东宫侍讲、太子詹事、御史中丞、右将军、给事中、尚书令等。咸和三年（328），苏峻反，陷建康，进攻青溪，卞壸率众苦战，遂死之，时年四十八岁，二子眕、盱，见父没，相随赴贼，同时见害。峻平，朝议赠壸：侍中、骠骑将军、开府仪同三司；谥曰：忠贞；祠以太牢。追赠二子：卞眕为散骑侍郎，卞盱为奉车都尉。**父子死难处，即葬于此。**◎引：《景定建康志》卷二十二："忠孝亭，在天庆观（今南京朝天宫）西，昔为冶城。

晋卞壶与二子同死苏峻之难，其墓在焉。南唐于此建忠贞亭，穿地得断碑，徐锴〔徐锴（920~974），字鼐臣，又字楚金，广陵（今江苏扬州）人，祖籍会稽（今浙江绍兴）。聪明颖达，喜读善文。仕南唐以秘书省校书郎起家，历官乌江尉、右拾遗、集贤殿直学士、虞部员外郎、中书舍人、右内史舍人等。开宝七年（974），忧惧而卒，时年五十五岁，谥曰：文；赠：礼部侍郎。〕为之识。宋朝庆历三年（1043），叶公清臣〔叶清臣（1000~1049），字道卿，长洲（今江苏苏州）人。天资聪慧，好学爽直。天圣二年（1024）举进士第二名（榜眼），授太常寺奉礼郎，历官光禄寺丞、集贤殿校理、太常寺丞、直史馆、起居舍人、两浙转运副使、龙图阁学士、翰林学士等，其间，外放历知江宁、邠州、青州、永兴军、河阳等州府。皇祐元年（1049）卒于任，时年五十岁，赠：左谏议大夫。〕取其父为忠臣，子为孝子之言，始改曰：忠孝。元祐八年（1093），曾公肇〔曾肇（1047~1107），字子开，建昌南丰（今江西南丰）人。治平四年（1067）进士，初为黄岩县主簿，事英、神、哲、徽四帝40余年，在朝：历任吏、户、刑、礼四部侍郎，两为中书舍人；外放：历任邓州、齐州、徐州、江宁、滁州、泰州等十四地知府。大观元年（1107）卒于镇江任所。绍兴初（1131），被追封为曲阜县开国侯，赠：少师；谥：文昭。〕即亭为堂，绘壶像其中，列诸祀典，而为之记。建炎（1127~1130）间，堂废。绍兴十五年（1145），晁公谦之〔晁谦之（1090~1154），字恭祖，澶州（今河南濮阳）人，南渡居信州（今江西上饶）。绍兴九年（1139），为枢密院检详诸房文字、右司员外郎、权户部侍郎。十年（1140），移工部侍郎。十一年（1141），提举江州太平观。十五年（1145），起知抚州，旋以敷文阁直学士改知建康府。二十四年（1154），卒于铅山鹅湖。时年六十五岁。〕复为亭。乾道四年（1168），史公正志〔史正志（1119~1179），字志道，号乐闲居士、柳溪钓翁、吴门老圃，江都（今江苏扬州）人，寓居丹阳（今江苏丹阳）。

绍兴二十一年（1151）进士，授歙县尉，历任枢密院编修、司农寺丞、江西路转运判官、建康知府、成都知府、户部侍郎等，绍兴三十一年（1161），赐文安县开国男，转朝议大夫，知宁国、赣州、庐州诸府。淳熙初（1174），辞官寓姑苏（今江苏苏州）蓺菊；六年（1179），卒于姑苏，时年六十一岁。著有《史氏菊谱》传世。〕与转运判官韩公元吉〔韩元吉（1118～1187），字无咎，号南涧，开封雍丘（今河南开封）人，南渡后寓居信州（今江西上饶）。绍兴十九年（1149），以荫选任龙泉县主簿，历任建安县令、鄱阳太守、江东转运判官、大理寺少卿、江州知府、吏部侍郎、吏部尚书、婺州知府等。淳熙十四年（1187），卒于上饶，时年七十岁。有《南涧甲乙稿》《南涧诗馀》等。〕益新之，取曾公所为记重刻之石，立于亭左。嘉定四年（1211），留守黄公度〔黄度（1138～1213），字文叔，号遂初，绍兴新昌（今浙江新昌）人。隆兴元年（1163）进士，历任嘉兴知县、监察御史、太常寺少卿、国史院编修、福州知府、建康知府兼留守、江淮制置使、礼部尚书等。嘉定六年（1213）十月卒，时年七十六岁。进龙图阁学士，赠：通奉大夫；谥：宣献。〕改建堂，上为冶城楼。"◎注：忠孝亭，位于南京朝天宫西侧，自南唐建亭至今，一千馀年，屡毁屡建，流传至今，所谓"忠臣孝子，万世景仰"，此言不虚也。其址在今南京市秦淮区朝天宫街道冶山道院社区。

九曲池

在古台城东，梁昭明太子◎注：萧统（501～531），字德施，小字维摩，南兰陵（今江苏常州）人，生于襄阳（今湖北襄阳），梁武帝萧衍长子。天监元年（502）十一月，立为皇太子。生而聪睿，三岁受《孝经》《论语》，五岁遍读《五经》，悉能讽诵。及长，参预朝政，善诗赋，招才学之士，广集古今书籍三万多卷，辑成《文选》三十卷。中大通三年（531）三月，寝疾；四月乙巳薨，时年三十一岁。谥曰：昭明。

太子仁德素著，及薨，朝野惋愕，京师男女，奔走宫门，号泣满路。四方庶氓及疆徼之民，闻丧皆恸哭。所著《文集》二十卷，又撰古今典诰文言为《正序》十卷，五言诗之善者为《文章英华》二十卷，《文选》三十卷。所凿，中有洲岛亭榭。昭明泛舟池中，尝曰："何必丝与竹，山水可怡情。"◎引：《景定建康志》卷十九："善泉池，一名九曲池，在台城东，东宫城内，周回四百馀步。事迹：《金陵故事》：梁昭明太子所凿，中有亭榭洲岛，曲尽幽深之趣。太子泛舟池中，尝曰：'何必丝与竹，山水可忘情。'"；卷二十："东宫城，案《宫苑记》：宋元嘉十五年（438），修永吉宫为东宫城，四周土墙堑两重，在台城东门外，南、东、西开三门。"◎注：九曲池，一名善泉池，为太子萧统就东宫城内玄圃开凿而成，所咏"何必丝与竹，山水可怡情"诗句，出自左思〔左思（250～305），字太冲，临淄（今山东淄博）人。出身微寒，怀才不遇，官仅至秘书郎。善诗文，多讽喻，十年著成《三都赋》，洛阳为之纸贵。后人辑有《左太冲集》。〕《招隐诗》中，原诗句为"非必丝与竹，山水有清音"。及至陈亡，东宫城九曲池与台城等六朝建筑均被荡垦殆尽，惜哉！其址应在今南京市玄武区梅园新村街道明故宫社区西侧。

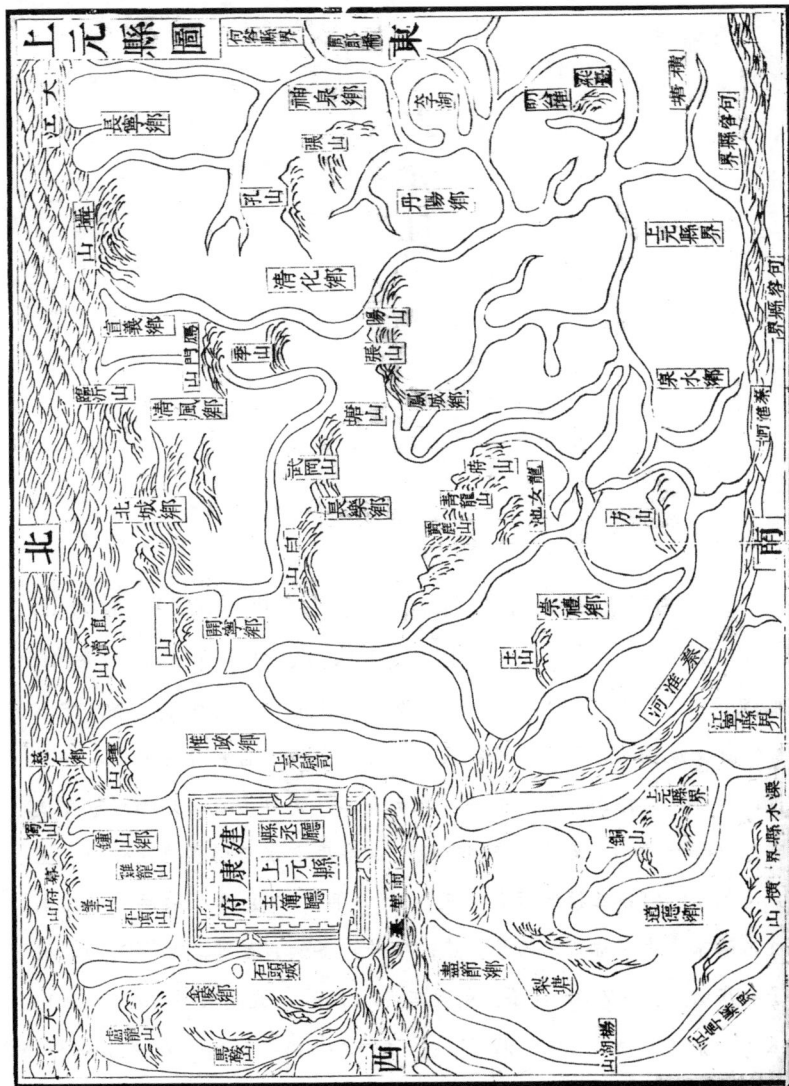

上元县图（录自《景定建康志》）

上元县

二十四乡，晋江宁县地。唐贞观七年（633），移还旧郭，即今所置县也。至九年（635），改为江宁县。安禄山◎注：安禄山（703～757），粟特族，原名轧荦山，营州柳城（今辽宁朝阳）人。父康国人，早亡；母突厥人，名阿史德。后其母嫁安国人安延偃，改姓安，名禄山。通六蕃语，为互市郎。骁勇善战，为幽州节度使张守珪（684～740）义子。谄媚万般，以博唐玄宗与杨贵妃欢心，官至平卢、范阳、河东三镇节度使。天宝十四年（755）冬，举兵叛变，南下攻占两京，次年称帝，国号：燕；年号：圣武。至德二年（757），被其子安庆绪（？～759）诛杀。乾元二年（759），被史思明（703～761）追谥为：光烈皇帝。乱，肃宗◎注：李亨（711～762），初名李嗣升，数改名李浚、李玙、李绍，终名李亨。玄宗李隆基（685～762）第三子，唐朝第七位皇帝。开元十五年（727），封为忠王，改名浚；二十三年（735），加封司徒，改名玙；二十六年（738）六月庚子，被立为皇太子；二十八年（740），更名绍；天宝三年（744），又更名亨。天宝十五年（756），安史之乱，随玄宗西逃。马嵬驿事变后，玄宗西入四川，李亨北上陕西灵武。是年七月十二日，在灵武登基即皇帝位，改元：至德。翌年（757），收复长安、洛阳。宝应元年（762）四月，病薨，时年五十二岁。庙号：肃宗；谥号：文明武德大圣大宣孝皇帝。以金陵自古雄据之地，时遭艰难，不可以县统之，因置升州，仍加节制，实资镇抚。时人艰弊，力难兴造，因旧县宇，以为州城。禄山平后，复废州，依旧为县。上元二年（761），改为上元县，隶润州。光启三年（887），复为升州，领上元一县，元治凤台山西南，◎注：其址在今南京市秦淮区双塘街道凤游寺社区花露南岗。今移在伪司会府。注：南唐司会府，宋代为御前后军营寨，位于江宁府以东之锦绣坊，其址在今南京市秦淮区洪武路街道王府园社区锦绣坊。◎引：《景定建康志》卷十五："上元，次赤县。唐上元二年（761），废升州，以江宁地置，属润州（今江苏镇江），后废。宝应元年（762），复置。光启三年（887）置升州，属焉。《通鉴》云：'大顺元年（890），置升州于上元县，以张雄〔张雄（？～893），泗州涟水（今江苏涟水）人。初为武宁军偏将，后拥兵五万渡江，先据苏州，又占上元，欲以南朝台城地建府。大顺元年（890），诏以上元为升州，授张雄任刺史。景福二年（893）七月，卒。善驭众，部下立庙祀之。〕为刺史。县初仍江宁旧治白下村，光启（885～887）中，徙凤台山西。'《寰宇记》云：'国朝迁南唐司会府。'今府治之东，御前后军营是其地。建炎（1127～1130）徙今治，在城东隅，距行宫才一里。"卷十六："金陵乡（县北）、慈仁乡（县东北）、钟山乡（县西北）、北城乡（县东北）、清风乡（县东北）、长宁乡（县东北）、惟政乡（县东，旧名惟信）、开宁乡（县东北）、宣义乡（县东）、凤城乡（县东）、清化乡（县东）、神泉乡（县东北）、丹阳乡（县东南）、崇礼乡（县东南）、泉水乡（县东南）、道德乡（县南）、尽节乡（县南）、长乐乡（县东），右十八乡，隶上元县。"《万历上元县志》卷四："县治，在府治东北升平桥西。唐上元二年（761），始建于永寿宫，近石头城。光启（885～887）中，徙凤台山下。宋初，徙城东尊贤坊。自建炎（1127～1130）中，始治今所。"◎注：上元县，系唐上元二年（761）析江宁县地设立，治所数度搬迁，终于南宋建炎三年（1130）搬至行宫东一里处，再未移动。历经近千年，至清朝灭亡方撤其建置，所署理之域境，全部划归江宁县管辖。其治所遗址在今南京市秦淮区洪武路街道龙王庙社区白下路101号。

舰澳

梁武帝萧衍，生平见《人物》条目下注释所开，今在光宅寺其址在今南京市秦淮区夫子庙街道江宁路社区老虎头石观音东二百五十步，其寺即武帝旧宅。每从城归宅，仪仗舟车驺戬溢路，开以藏船。其澳两岸隈曲一十有一，砌石为之，至今不毁。其水源出自娄湖，下达秦淮，纡回五里。◎引：《舆地志》卷十五："舰澳，梁武帝所开，在光宅寺东二百五十步。其寺武帝旧宅，帝从城归宅，仪仗舟车，驺戬塞路，开以藏船。"《景定建康志》卷十九："舰澳，在城南一十里，水出娄湖，下入秦淮，深丈馀，冬春不涸。"◎注：舰澳，位于南京城南雨花门外秦淮河东南双桥门地，系梁武帝为方便乘舟回同夏里旧宅停船所开凿的港湾，至唐朝末年，融入杨吴城濠，遂消竭不存。其址应在南京市秦淮区中华门街道路子铺社区。

鸡笼山

在县西北九里，（东）连龙山，即覆舟山，位于南京市玄武区北京东路东段北侧，海拔60.8米。今名小九华山。西接落星冈，一名落星墩，位于南京清凉门外石头城西，今无存。北临栖玄塘。◎注：

栖玄塘，即六朝时鸡笼山栖玄寺前之水塘，通玄武湖，其址应在今南京市玄武区台城花园小区内。明清时，称胥家大塘，今名西家大塘。《舆地志》云："其山状如鸡笼，以此为名。"晋元帝晋元帝司马睿，生平见《升州》条目下注释等五陵，并在山之阳。◎引：《舆地志》卷十五："鸡笼山，在覆舟山之西二百馀步，其状如鸡笼，因以为名。"《建康实录》卷二："（潮沟），其北又开一渎，在归善寺东，经栖玄寺门，北至后湖，以引湖水。"《景定建康志》卷十七："（一），覆舟山，亦名龙山，又名龙舟山，在城北七里，周回三里，高三十一丈。东际青溪，北临真武湖（即今玄武湖），状如覆舟，因以为名。（一），鸡笼山，在城西北六七里，高三十丈，周回一十里。（一），落星冈，一名落星墩，在城西北九里，周回二十六里，高一十二丈。"《南朝佛寺志》卷上："栖玄寺，在鸡笼山东北。"◎注：鸡笼山，位于南京市玄武区北京东路西段北侧，海拔62米，清代改名北极阁，沿用至今。"凭虚远眺"列入清"金陵四十八景"之中。山多名胜，绿树葱茏，现辟为开放式公园。其址在今南京市玄武区玄武门街道台城花园社区。

蒋山

在县东北十五里，周回六十里。面南顾，东连青龙、◎注：青龙山，位于南京市江宁区淳化街道青龙社区，海拔275米，山名沿用至今。雁门◎注：雁门山，亦名孔山，位于南京市江宁区汤山街道西北，海拔341.9米，又名羊山，俗名巩山、空山，现名阳山。山上有明代开凿的巨形碑材，高75末，重2.6万吨，硕大无朋，令人赞叹。"阳山碑材"因此名扬天下。2003年，依托阳山碑材为核心打造的明文化村正式落成对外开放，以各种不同场景和形式，穿越时空，向游人展示明代南京百姓的市俗文化概况，是集人文、民俗、历史于一体的观光游览佳地。等山，西临青溪，◎注：青溪，东吴孙权赤乌四年（241）

开凿，通城北堑、潮沟，以泄玄武湖水，南流经京城，九曲入秦淮。现仅存四象桥至淮青桥一曲，其址在今南京市秦淮区洪武路街道致和社区。绝山南面有钟浦水◎注：钟浦水，一名钟山水，今名月牙湖，其址在今南京市秦淮区月牙湖街道辖境。流，下入秦淮，北连雉亭山。◎注：雉亭山，一名骑亭山，今名仙鹤观山，海拔106.8米，其址在今南京市玄武区玄武湖街道仙鹤门社区。按《舆地志》云："蒋山，古曰：金陵山，县之名，因此山立。"汉《舆地图》名钟山。吴大帝孙权，生平见《升州》条目下注释时，有蒋子文◎注：蒋歆（生卒不详），字子文，广陵（今江苏扬州）人。汉末为秣陵尉，逐盗至钟山下，伤额不治，有顷遂死。被吴主孙权追封为中都侯，授印立庙，转号钟山为蒋山。《搜神记》卷五有传。发神验于此，封子文为蒋侯，改曰：蒋山。"徐爰徐爰，生平见《淮水》条目下注释《释问》云："孔明诸葛亮，生平见《升州》条目下注释以为钟山龙盘。"又，庾阐◎注：庾阐（298～351），字仲初，颍川鄢陵（今河南鄢陵）人。幼好学，九岁能属文。母殁，阐不栉沐、不婚宦、绝酒肉，垂二十年，乡亲称之。举秀才，初官尚书郎、司空参军，以功赐爵吉阳县男。累官彭城内史、从事中郎、散骑侍郎、零陵太守、给事中等。后以疾卒，时年五十四岁，谥曰：贞。有《扬都赋》传世。《扬都赋》云："司马德操司马德操，生平见《升州》条目下注释与刘恭嗣刘恭嗣，生平见《升州》条目下注释书云：黄旗紫盖，恒见东南，终能成天下之功者，扬州之君子乎？"谓斗牛之间，恒有此祥气。《丹阳记》云："出建阳门，望钟山，似出上东门上东门，洛阳城东三门最北之门望首阳山首阳山，位于河南洛阳偃师，海拔359.1米，其址在今河南省洛阳市偃师市（区）首阳山街道也。其山本少林木，东晋时，使诸州刺史罢职还者，栽松三十株，下至郡守，各有差焉。"自梁以前，山立寺七十所，即见在者一十三。晋尚书谢尚，◎注：谢尚（308～357），字仁祖，陈郡阳夏（今河南太康）人。才智超群，以司徒掾属起家，历任黄门侍郎、江夏相、江州刺史、尚书仆射、镇西将军，都督豫、冀、幽、并四州军事，豫州刺史等。升平元年（357），卒，时年五十岁，赠：散骑常侍、卫将军、开府仪同三司；谥曰：简。齐中书侍郎周颙、周颙，生平见《草堂》条目下注释宋应，◎注：宋应，《景定建康志》卷十七曰：朱应。纵览《南齐书》《梁书》《南史》，均无有关"宋应"之片言只语，仅《梁书·卷五十四》有"吴孙权时，遣宣化从事朱应、中郎康泰通焉（海南诸国）。"一句。显然，此朱应作为三国时期吴国交州（今越南）的一名州府从事，决无可能在二百多年后的南朝萧齐时去隐居钟山。因此，不管是朱应，还是宋应，都和钟山无缘无故。其实，齐梁间的高人何胤，才是终老钟山的隐逸奇士。抑或所谓"应"者，岂非"胤"者乎。何胤（446～531），字子季，庐江灊（今安徽潜山）人。幼年居忧，及长好学，师事沛国刘瓛〔刘瓛（434～489），字子珪，沛郡相（今江苏徐州）人。笃志好学，博通训义。仕齐，历官中书郎、彭城郡丞、总明观祭酒等。永明初（483），辟征不拜，自此不复出仕。隐居檀桥，聚徒教授，当世推其为大儒。〕受《易》及《礼记》《毛诗》，又入钟山定林寺听内典，其业皆通。而纵情诞节，时人未之知也，唯刘瓛与汝南周颙，深器异之。起家齐秘书郎，迁太子舍人，出为建安太守，入为尚书三公郎，迁司徒主簿，累官至侍中、国子祭酒、中书令等。建武初（494），辞官，卖京师宅园，隐居会稽（今浙江绍兴）东山。屡被征召，不应。天监十七年（518），还吴，居虎丘西寺讲经论，徒众随之。后归京师，于钟山般若寺获《大庄严论》，世中未有也。中大通三年（531），卒，年八十六岁。著有《百法论》《十二门论》《周易注》《毛诗总集》《毛诗隐义》《礼记隐义》《礼答问》等。**梁阮孝绪、**◎注：阮孝绪（479～536），字士宗，陈留尉氏（今河南尉氏）人。沉静孝顺，独处笃学。天监十二年（513），征召不应，却于钟山听讲。母王氏忽有疾，合药须得生人蓡，孝绪遍涉钟山，终获此草。其母服之，遂愈。人或怪其隐，答曰："非志骄富贵，但性畏庙堂耳。"大同二年（536），卒，时年五十八岁。门徒私谥曰：文贞处士。著有《高隐传》《七录》等。**刘孝标**◎注：刘峻（462～521），字孝标，平原郡（今山东德州）人。才识过人，著述甚丰。齐永明四年（486），南渡，赴京师，为府刑狱，久之不调。梁天监初（502），征召入西省，任典校秘书，未几，坐免。后为荆州户曹参军。率性不随众沉浮，梁武帝深嫌之，故不任用。作《辨命论》，以寄其怀。普通二年（521），卒，时年六十岁，门人私谥曰：玄靖先生。著有《世说新语注》《汉书注》《类苑》等。**等，并隐居此山。《丹阳记》云："京师南北，并连山岭，而蒋山岧峣，嶷峻有异，其形像龙，实作扬都之镇。"**◎引：《景定建康志》卷十七："钟山，一名蒋山，在城东北一十五里，周回六十里，高一百五十八丈。东连青龙山，西接青溪，南有钟浦，下入秦淮，北接雉亭山。汉末，有秣陵尉蒋子文逐盗死事于此，吴大帝为立庙，封曰：蒋侯。大帝祖讳钟，因改曰：蒋山。案《丹阳记》：'京师南北并连山岭，而蒋山岧峣嶷异，其形象龙，实作扬都之镇。诸葛亮云：钟山龙盘，盖谓此也。'"◎注：钟山，位于南京城东部，古称金陵山，汉代始名钟山，三国时改名蒋山。东晋时有紫光生于山顶，又名之曰：紫金山。南朝时称北山，明代改名神烈山，清代复称钟山至今。东西蜿蜒8公里，南北宽约3公里，山形如钟，三峰行列。中为北高峰，海拔448.9米；东为小茅山，海拔360米；西为天堡山，海拔250米。东、南两坡山水，流入秦淮河；西坡之水，流入玄武湖；北坡汇水成溪，径自流入大江。山多名胜，有明孝陵、天文台、梅花谷、植物园、中山陵、灵谷寺等。全山植被茂盛，蓊郁葱茏，是旅游、踏青、访古、寻幽的绝佳之处。"钟阜晴云"为清代"金陵四十八景"之一。其址在今南京市玄武区玄武湖街道和孝陵卫街道辖境内。现为钟山风景名胜区，由中山陵园管理局负责整个钟山的全面管理工作。

秦淮

在县治东南，相传秦始皇嬴政，生平见《升州》条目下注释所凿。王导王导，生平见《升州》条目下注释使郭璞郭璞，生平见《淮水》条目下注释筮之，曰："淮水绝，王氏灭。"即此。◎引：《景定建康志》卷十八："秦淮，旧传秦始皇时，望气者言：'五百年后，金陵有天子气。'于是，东游以厌当之，乃凿方山，断长垄为渎，入于江，故曰：秦淮。"◎注：秦淮，南京历史名河，其概况详情见《淮水》条目下注释。

桃叶渡

在秦淮口，其地在今南京市秦淮区夫子庙街道金陵路社区淮清桥南畔。王献之◎注：王献之（344～386），字子敬，生于会稽（今浙江绍兴），祖籍琅邪临沂（今山东临沂），王羲之（321～379）第七子。少有盛名，高迈不羁。工草隶，善丹青。起家州主簿、秘书郎，转丞，累官至建威将军、吴兴太守，征拜中书令。太元十一年（386），卒于官，追赠：侍中、特进、光禄大夫、太宰；谥曰：宪。有《鸭头丸》《洛神赋》等法帖传世。爱妾名桃叶，尝渡此，献之作歌《桃叶歌》其一："桃叶映红花，无风自婀娜。春花映何限，感郎独采我。"其二："桃叶复桃叶，桃树连桃根。相怜两乐事，独使我殷勤。"其三："桃叶复桃叶，渡江不用楫。但渡无所苦，我自迎接汝。"送之，故名。◎引：《六朝事迹编类》卷五："桃叶渡，《图经》云：'在县南一里秦淮口。桃叶者，晋王献之爱妾名也。其妹曰：桃根。'献之诗曰：'桃叶复桃叶，渡江不用楫。但渡无所苦，我自迎接汝。'不用楫者，谓横波急也。尝临此渡歌送之。"◎注：桃叶渡，位于南京夫子庙以东淮清桥南畔，秦淮河与青溪交汇处，又名南浦渡。相传东晋王献之尝于渡口迎接爱妾桃叶，因名。六朝以降，其地繁华相续，灯船箫鼓，画舫竞渡。明清时，"桃渡临流"先后名列"金陵四十景""金陵四十八景"之中。1987年，在渡口建"古桃叶渡"石牌坊及套亭各一座。2003年，扩建为桃叶渡遗址公园，东起淮清桥，沿秦淮河北岸，西至平江桥畔，总面积约5000平方米。公园为开放式休闲旅游区，以六朝文化为主题，沿途除建有诗刻碑廊外，复建了桃叶古渡、邀笛步、停艇听笛等拟古景点，闹中取静，惬意可人。其址在今南京市秦淮区夫子庙街道金陵路社区。

吴大帝孙权，生平见《升州》条目下注释**陵**

在县东北，蒋山南八里。按《丹阳记》："蒋陵，因山为名。"《舆地志》云："（九日）台，当孙陵曲折之旁，故曰：蒋陵亭，亦曰：孙陵亭。"◎引：《景定建康志》卷四十三："吴大帝陵，在蒋山之阳，去城一十五里。考证《吴志》：'神凤元年（252），大帝崩，葬蒋陵。'《寰宇记》：'在县东北，蒋山（南）八里。'《丹阳记》云：'蒋陵，因山为名。'《舆地志》云：'九日台，当孙陵曲折之傍，故名：蒋陵亭。'今蒋庙西有孙陵冈，蒋陵地也。"《万历上元县志》卷五："吴大帝陵，在钟山阳，今孙陵冈上，有步夫人墩，墩侧即塚地。"◎注：吴大帝陵，位于南京东郊钟山南面的梅花山上，又名孙陵岗、吴王坟。据史乘记载：孙权夫人步皇后及长子孙登亦葬吴大帝陵之西南侧。陵墓地上建筑早已荡然，南朝萧齐时于冈上建商飙馆，亦名九日台，为游冶之地。明朱元璋建孝陵，钟山南麓的寺庙墓园悉数拆迁，唯孙陵岗得以保留，或曰：惺惺相惜焉！1929年，遍植梅花于岗上，始名之曰：梅花山。1944年，汪精卫病死日本，归葬梅花山；1946年，炸毁汪墓，于其址建一廊亭，曰：观梅轩。1993年，在观梅轩北侧建博爱阁，并于梅花山东麓辟建孙权故事园。2005年，向南扩建，辟为梅花谷。整个梅花山、梅花谷，占地面积1533亩，各种梅树3.5万株，品种近400之多。每当初春，满山满谷，姹紫嫣红，暗香浮动，置身其间，恍然世外，是名副其实的"天下第一梅园"。其址在今南京市玄武区孝陵卫街道，中山陵园管理局负责管理。

宋高祖刘裕，生平见《梁山》条目下注释陵

在县东北一十里。◎引：《景定建康志》卷四十三："宋武帝陵，在县东北二十里。考证《实录》：'宋高祖，永初三年（422）葬初宁陵，隶建康县蒋山。'政和（1111～1116）间，有人于蒋庙侧得一石柱，题云：初宁陵西北隅。以此考之，其坟去蒋庙不远。"《万历上元县志》卷五："宋武帝初宁陵，在钟山。"◎注：宋高祖陵，亦称初宁陵，位于南京东郊钟山以东麒麟门麒麟铺，系宋武帝刘裕（363～422）的陵墓。陵墓地上建筑与封土，均毁夷无存，唯馀两石兽尚在。东侧石兽曰：天禄，高2.75米，长3米，宽1.2米，剥蚀严重，威勇依然。西侧石兽为：麒麟，高2.75米，长3米，宽1.2米，角断颚残，挺胸昂然。二石兽均为雄性，体量硕大，造型凝重，为南京地区最早的帝王陵墓石刻，1988年，列为全国重点文物保护单位。其址在今南京市江宁区麒麟街道麒麟铺社区。

晋中宗司马睿，生平见《升州》条目下注释陵

在县东一十里。◎引：《建康实录》卷五："永昌元年（322）十一月闰月己丑，帝（司马睿）崩于内殿。太宁元年（323）春二月，葬建平陵。陵在今县北九里鸡笼山阳，不起坟。案：帝年四十二即位，立五年，年四十七崩，谥：元皇帝；庙号：中宗。"《景定建康志》卷四十三："晋元帝陵、晋明帝陵、晋成帝陵、晋哀帝陵，考证《实录》：元帝，永昌元年（322）春，葬建平陵；明帝，太宁三年（325），葬武平陵；成帝，咸康八年（342），葬兴平陵；哀帝，兴宁三年（365），葬安

平陵。四陵并在鸡笼山之阳，皆不起坟。"◎注：晋中宗陵，即晋元帝司马睿之建平陵，位于建康鸡笼山南麓，不起封土。此处记载"在县东一十里"，与《鸡笼山》条目"晋元帝等五陵，并在山之阳"的内容，明显相悖，应属误载。建平陵，其址应在今南京市玄武区玄武门街道台城花园社区北极阁山南坡。

宋蒋陵

在县东北蒋山下一十里。◎注：南朝刘宋8帝63年，实为59年（420～479）。即：高祖刘裕，在位3年（420～422），葬蒋山初宁陵；少帝刘义符，在位2年（423～424），被弑于台城华林园金昌亭；文帝刘义隆，在位30年（424～453），葬蒋山长宁陵；孝武帝刘骏，在位11年（454～465），葬秣陵岩山景宁陵；前废帝刘子业，在位1年（465），葬丹阳秣陵南郊坛西；明帝刘彧，在位8年（465～473），葬幕府山高宁陵；后废帝刘昱，在位5年（473～477），葬丹阳秣陵县郊坛西；顺帝刘准，在位3年（477～479），葬丹徒遂宁陵。其中，只有高祖初宁陵、文帝长宁陵在蒋山东，其余诸陵皆不在蒋山。故"宋蒋陵"之记载，不知所谓为何？其事迹史乘亦一无所载。另据考证：六朝时期，建康"蒋山之西北，去城一十二里"处，有蒋帝庙。抑或"宋蒋陵"实谓此焉。附录于后，以供参阅。◎引：《景定建康志》卷四十四："蒋帝庙，在蒋山之西北，去城一十二里。事迹：神，蒋姓，名子文，汉末尉秣陵，死而灵异，吴大帝为立庙。宋，加相国、大都督中外诸军事，封蒋王。齐，进号为帝，乃以庙门为灵光门，中门为兴善门，外殿曰：帝山；内殿曰：神居。梁武尝祷雨，有异，及魏军围钟离（今安徽凤阳），复见阴助。南唐谥曰：庄武帝，更修庙宇。本朝开宝八年（975），庙火。雍熙四年（987），即旧址重建。景祐二年（1035），陈公执中〔陈执中（990～1059），字昭誉，洪州南昌（今江西南昌）人。荫袭秘书省正字，迁卫尉寺丞。历知梧州、江宁、扬州、永兴军等州府，累官同知枢密院事、参知政事、同平章事兼枢密使、镇海军节度使等。以司徒致仕，卒年七十，谥曰：恭。〕增修，请于朝，赐额：惠烈。政和八年（1118），漕使刘公会元〔刘会元（生卒不详），字天常，改次常，福建侯官（今福建福州）人。熙宁九年（1076）进士，历官湖南、江西转运判官，江东转运使、朝奉大夫、提点江宁府万寿宫等。〕重修。乾道八年（1172），枢密洪公遵〔洪遵（1120～1174），字景严，饶州鄱阳（今江西乐平）人。荫补承务郎，赐进士出身，擢秘书省正字。绍兴十二年（1142），博学宏词科第一（状元），历官起居舍人、中书舍人、吏部侍郎，知平江、信州、太平州、建康等州府，翰林院学士承旨、同知枢密院事、端明殿学士、江东安抚使、行宫留守、提举太平兴国宫、右丞相等。淳熙元年（1174）十一月，卒，时年五十五岁，赠：太师少保、信国公；谥曰：文安。〕重修。"

土山

在县南三十里。按《丹阳记》："晋太傅谢安谢安，生平见《古檀城》条目下注释旧隐会稽今浙江绍兴东山，因筑像之，无岩石，故谓土山也。有林木台观，娱游之所。安就帝请朝中贤士子侄亲属会宴土山。梁萧正德⊙注：萧正德（约498～549），字公和，南兰陵（今江苏常州）人。梁武帝萧衍之侄，觊觎太子之位，仅获封西丰侯，故恒怀怨望。普通六年（525），北逃投魏；七年（526），逃归。武帝不之过，仍除征虏将军，历任信武将军、吴郡太守，迁侍中、抚军将军，封临贺王。反复无常，与侯景勾结，自立为帝，改元：正平。旋为侯景所废，降为大司马。太清三年（549），景虑其为变，矫诏杀之。各修筑以为庄，下有湖水。"按《吴志》："大将军孙綝⊙注：孙綝（231～258），字子通，吴郡富春（今浙江富阳）人。东吴宗室权臣，初任偏将军，太平元年（256），升任侍中、兼武卫将军、领中外诸军事、大将军，封永宁侯。性酷暴，嗜杀戮，独揽大权，废少帝孙亮，〔孙亮（243～260），字子明，吴郡富春（今浙江富阳）人。孙权之子，东吴第二位皇帝。赤乌十三年（250），立为皇太子。建兴元年（252）四月，即位，时年十岁。太平二年（257），十五岁亲政。一年后（258），被权臣孙綝废为会稽王。永安三年（260），再贬为侯官侯，于赴侯官（今福建福州）途中，自尽身亡，一说被诛杀，时年十八岁。谥曰：废皇帝。〕改立琅邪王孙休为帝，自封为丞相，领荆州牧。永安元年（258）十二月，被景帝定计捕杀，时年二十八岁。孙休耻与同族，特除其属籍，称之曰：故綝。**以兵迎景帝**◎注：孙休（235～264），字子烈，吴郡富春（今浙江富阳）人。孙权之子，东吴第三位皇帝。太元二年（252）正月，封琅邪王，居虎林（今安徽池州）。太平三年（258），孙綝政变，罢黜孙亮，被迎立为帝，改元：永安，尊孙綝为丞相。孙綝恣意妄为，权倾朝野，遂定计除之。在位多良政善制，创太学，设博士，立祭酒，为金陵之始。永安七年（264）秋七月癸未，薨，时年三十岁，谥曰：景皇帝。**于半野，拜于道侧。"即此山也。**◎引：《景定建康志》卷十七："土山，一名东山，在城东南二十里，周回四里，高二十丈。无岩石，故曰：土山。"◎注：土山，位于南京中华门外东南9公里处，大秦淮河东岸，面积0.3平方公里，海拔62.1米，因山体无岩多土，故名：土山。东吴时，山畔有布塞亭，为孙綝拥兵迎景帝孙休处也。东晋谢安仿会稽东山形势，筑苑园亭台于其上，政余游息其间，故亦名：东山、东山墅、土山墅。南朝刘宋时，为檀城。及至萧梁，皇族贵胄多置园林别墅，斯其盛也。"东山秋月"为清代"金陵四十八景"之一。其址在今南京市江宁区东山街道东山社区。

方山

在县东南五十里，周回二十里，高一百一十六丈，其山四面等方孤绝。《舆地志》云："湖孰西北有方山，顶方正，上有池水，齐武帝萧赜，生平见《穿针楼》条目下注释于此筑苑，吴大帝孙权，生平见《升州》条目下注释为仙者葛玄葛玄，生平见《葛塘湖》条目下注释立观焉。"山谦之◎注：山谦之（？～454），河内郡（今河南温县）人。东晋末（419），任棘阳（今河南新野）令。刘宋永初元年（420），入太学，为史学生，旋迁学士。元嘉初年（424），太祖刘义隆（407～453）诏：学士谦之草封禅仪。元嘉二十三年（446），应著作郎何承天（370～447）约，协撰《宋书》，翌年（447），何承天病卒，遂罢。孝建元年（454），奉诏续撰《宋书》，未几，卒。著有《丹阳记》《南徐州记》《吴兴记》《寻阳记》等。《丹阳记》："秦始皇嬴政，生平见《升州》条目下注释凿金陵，此山是其断者，山形整耸，故名方山。"谢灵运◎注：谢灵运（385～433），原名公义，字灵运，以字行，祖籍陈郡阳夏（今河南太康），生于会稽始宁（今浙江上虞）。颖悟好学，博览群书；诗文之美，誉满江左。元兴二年（403），袭封康乐公。历任员外散骑侍郎、大司马行参军、秘书丞、世子中军咨议、黄门侍郎、相国从事中郎、世子左卫率等。刘宋代晋（420），降为康乐侯，历任永嘉太守、秘书监、侍中、临川内史等。元嘉十年（433），兴兵叛逸，被擒论斩，上爱其才，免死徙广州。赴穗途中，其党羽在涂口（今湖北武汉江夏区）劫救，未果。有司奏收之，文帝诏于广州弃市。时年四十九岁。有《谢康乐集》。东出，邻里相送至方山，赋诗。《齐书》："徐孝嗣◎注：徐孝嗣（453～499），字始昌，小字遗奴，东海郯县（今山东郯城）人，生于丹阳建康（今江苏南京）。幼而挺立，风仪端简。袭封枝江县公，尚康乐公主，〔刘修明（生卒不详），宋孝武帝刘骏（430～464）与文穆皇后王宪嫄（428～464）嫡生第四女，封康乐公主。〕拜驸马都尉。历官从事郎中、南彭城太守、太尉咨议参军等。齐代宋后，累任御史中丞、吴兴太守、五兵尚书、吏部尚书、右军将军、太子左卫率，迁尚书右仆射、丹阳尹、尚书令、中书监，开府仪同三司。永元元年（499），因废东昏侯〔萧宝卷（483～501），字智藏，齐明帝次子，南齐第四位皇帝。建武二年（495），立为皇太子。永泰元年（498），即帝位。为政暴虐，横征暴敛；荒淫奢侈，滥杀大臣。中兴元年（501），被杀。谥曰：东昏侯。〕事泄，于台城华林省被赐饮酖自杀。时年四十七岁。中兴元年（501），追赠：太尉；谥曰：文忠。从武帝萧赜，生平见《穿针楼》条目下注释幸方山，欲于此山后起离宫。孝嗣答曰：'绕黄山，款牛首，乃盛汉之事。今江南未旷，民亦劳止。'上乃止。"◎引：《景定建康志》卷十七："方山，一名天印山，在城东南四十五里，高一百一十六丈，周回二十七里。四面方如城，东南有水，下注长塘，流溉平陆。《舆地志》：'湖熟西北有方山，山顶方正，上有池水。'《丹杨记》：'形如方印，故曰：方山；亦名：天印山。'"◎注：方山，一名天印山，位于南京中华门外东南12公里处，大秦淮河东岸，山体四面等方，孤绝耸立，占地面积6.5平方公里，海拔209米。六朝时期，为商旅要道，迎送之所。山多寺庙道观，有东霞寺、宝积庵、洞玄观、定林寺、海慧寺等，尚有古迹洗药池、炼丹井、石龙池、七字锣，以及七层八面的定林寺砖砌斜塔。"天印樵歌"为清代"金陵四十八景"之一。其址在今南京市江宁区淳化街道方山社区。

四望山

在县西北十五里，高十七丈，西临大江，南连石头，北接卢龙山。按《南徐州记》："临江有四望山，吴大帝孙权，生平见《升州》条目下注释常与仙者葛玄葛玄，生平见《葛塘湖》条目下注释共登陟之。"《吴志》"孙皓◎注：孙皓（243～284），字元宗，幼名彭祖，又字皓宗，吴郡富春（今浙江富阳）人。吴大帝孙权之孙，东吴末代皇帝。太元二年（252），初封南阳王，旋迁长沙王。永安元年（258），降封为乌程侯；七年（264），被拥立为帝，改元：元兴。皓初立，发优诏，恤士民，开仓廪，振贫乏，出宫女以配无妻，放御苑之禽以归自然，时称明主。时过不久，原形毕露，昏庸暴虐，沉溺酒色，专横跋扈，滥杀大臣，致使国家灭亡。天纪四年（280），西晋大军攻破建业，孙皓衔璧舆榇，出城投降。太康元年（280）五月，押遣至洛阳，赐号：归命侯。五年（284），病死，葬洛阳北邙山，时年四十二岁。杀司市中郎将陈声，◎注：陈声（？～273），吴末帝孙皓嬖臣，官至中书丞、司市中郎将。后因惩治皓爱妃，被锯杀，投尸四望山下。投于四望山之下。"其山回，可望四方，以为名。◎引：《三国志》卷四十八："凤皇二年（273）秋九月，皓爱妾或使人至市，劫夺百姓财物。司市中郎将陈声，素皓幸臣也，恃皓宠遇，绳之以法。妾以诉皓，皓大怒，假他事烧锯断声头，投其身于四望（山）之下。"《景定建康志》卷十七："四望山，在城西北一十里，周回三里，高一十七丈。东至龙安（湾），西临大江，南连石城，北接卢龙山。"◎注：四望山，今名八字山，位于南京挹江门内西侧，占地面积8.5公顷，海拔43米。山多史迹，因吴大帝孙权与葛玄登陟四望而著名。1929年，辟挹江门，于山腰垒砌"忠、孝、仁、爱、信、义、和、平"八字，始名：八字山。此后，八字内容屡改，山名不变。南京解放后，改八字为"发展生产，繁荣经济"。1968年，又改八字为"团结，紧张，严肃，活泼"。2004年，辟建八字山公园，山顶建仿明清式两层楼台建筑：四望阁。飞檐翘角，古朴典雅。登阁四望，心旷神怡。无边风景，尽收眼底，是十足的城市山林。其址在今南京市鼓楼区挹江门街道戴家巷社区。

上元县

卢龙山

在县西北二十里，周回五里，西临大江。按《旧经》："晋元帝司马睿，生平见《升州》条目下注释初渡江，此尽为房寇所有，以其山连石头，开凿为固，故以卢龙为名。"◎引：《景定建康志》卷十七："卢龙山，在城西北二十五里，周回一十二里，高三十六丈。东有水下注平陆，西临大江。今张阵湖北岗陇，北接靖安，皆此山地。事迹：晋元帝初渡，见此山岭绵延，远接石头，真江上之关塞，以比北地卢龙山〔北地卢龙山，其址在今河北省卢龙县〕，因以为名。"◎注：卢龙山，位于南京城西北大江之滨，占地面积14公顷，周长2公里，海拔78米。濒临长江，满山葱茏。山多胜迹，西晋永嘉元年（307），司马睿渡江至建业（今江苏南京），见此山形同塞上卢龙，故命名曰：卢龙山。明洪武七年（1374），朱元璋赐名：狮子山，下诏于山巅建"阅江楼"，并亲撰《阅江楼记》。又命众大臣各自撰"记"，其中以大学士宋濂所作流传最广，惜终因各种原因而弃建阅江楼，有"记"无"楼"，实为一憾。清代，"狮岭雄观"为"金陵四十八景"之一。2001年，新建的阅江楼正式落成，屹立于狮子山巅的阅江楼，整体平面呈"乚"形，主翼面北，次翼面西，主楼位于两翼犄角处，外观4层，内设3层，共7层，高50米。两翼各以歇山顶层次递减，高低起伏，跌宕多姿。饰以黄绿相间的琉璃瓦屋面，绚丽典雅；飞檐之下，千余斗拱，彩绘缤纷；诚所谓"碧瓦朱楹，檐牙摩空；朱帘风飞，彤扉彩盈"也。登临其上，既可饱览大江风貌，又能尽赏金陵新姿，其喜洋洋者乎！其址在今南京市鼓楼区下关街道多伦路社区，由南京市阅江楼管委会负责全面管理维护工作。

幕府山

陈武帝陈霸先，生平见《升州》条目下注释杀北齐军（将）

四十六万（人）于此下。◎引：《陈书》卷一："大宝二年（551）六月甲寅，少霁，高祖（陈霸先）命众军秣马蓐食，迟明攻之。乙卯旦，自率帐内麾下，出莫府山南……纵兵大战……齐师大溃，斩获数千人，相蹂藉而死者不可胜计……虏将帅凡四十六人。"《景定建康志》卷十七："幕府山，在城西北二十里，周回三十里，高七十丈。案《舆地志》：'在临沂县东八里。晋元帝自广陵渡江，丞相王导建幕府于此山，因名焉。'"◎注：幕府山，位于南京市鼓楼区上元门以东，濒临大江，五峰并峙，连绵拥翠，延亘嶙峋。东西长6公里，南北宽1.5公里，海拔223.5米。山多胜迹，有五马渡、化龙亭、夹骡峰、达摩洞、三台洞、永济寺等。现辟建为幕府山滨江风景区，西起上元门，逶迤东行至燕子矶，一路移步换景，美不胜收。"幕府登高""化龙丽地""永济江流""达摩古洞"等，均入列清代"金陵四十八景"。其址在今南京市鼓楼区幕府山街道和栖霞区燕子矶街道辖境内。

落星山

在县东北三十五里，周回六里，东接临沂山，临沂山，位于栖霞区，今名周家山。西接摄山摄山，位于栖霞区，今名栖霞山。北临大江。按《南徐州记》："临沂县◎注：临沂县，东晋咸康七年（341）所置侨县，隋开皇九年（589）陈亡后，废入江宁县。其址在今南京市栖霞区栖霞街道甘家巷社区。前有落星山，吴大帝孙权，生平见《升州》条目下注释时，山西江上置三层高楼，以此为名。"吴主孙权，生平见《升州》条目下注释游猎憩息地。《吴都赋》云："飨戎旅乎落星之楼。"后又有（吴）桂林苑与楼，即其所也。王僧辩◎注：王僧辩（？～555），字君才，太原祁县（今山西祁县）人，天监（502～519）中，随父南渡，起家湘东王国左常侍，历官武宁、广平、新蔡、竟陵等地太守。侯景乱起，与陈霸先会师江州，共同赴建康讨平侯景。萧绎（508～555）即帝位，以功授镇卫将军、司徒、侍中、尚书令，封永宁郡公。绎殁，又与陈霸先共立萧方智（543～558）为帝。未几，受北齐怂恿，改立武帝之侄萧渊明（？～556），以方智为太子。此举反复无常，大失人心。陈霸先乘机自京口举兵十万，水陆俱至，袭于建康石头城，僧辩猝不及防，束手就擒，绍泰元年（555）九月甲辰夜，被斩于石头城下。**率陈霸先**陈霸先，生平见《升州》条目下注释**等，于石头城连营立栅于落星山，贼大恐。**◎引：《景定建康志》卷十七："（一）临沂山，在城东北四十里，周回三十里，高四十丈。东北接落星山，西临大江，西南有临沂县城。（一）落星山，在江宁县西南五十里，周回二里，高一十丈，西临大江。事迹：《旧图经》云：'昔有大星落于此，因以名之。'（一）落星冈，一名落星墩，在城西北九里，周回二十六里，高一十二丈。又：江宁县西五十里，临江，亦有落星冈。《抱朴子》曰：'落星冈，吴时星落。'"《万历上元县志》卷三："落星山，在摄山北，山有落星墩，上有落星楼。《吴都赋》云'享戎旅于落星之楼'，即此。"◎注：落星山。六朝时期，建康称落星山（冈、墩）之地名有三：其一，位于今南京市雨花台区板桥街道近华社区落星村；其二，位于今南京市鼓楼区华侨路街道石头城社区鬼脸城以北；其三，位于南京市栖霞区栖霞街道滨江社区以东，现名何家山，山多怪石，嶙峋峥嵘，俗称：马面头。此三处冠名"落星"之地址，现仅雨花台区板桥街道近华社区落星村尚存其名，"星岗落石"为清代"金陵四十八景"之一。另外两处地名，一为石头城以北者，消亡无存；一为栖霞区滨江社区者，改换他名。本条所载之落星山，显系由消亡与改名的两处落星山组成，前半部分所记落星山方位，其址应为今南京市栖霞区栖霞街道滨江社区附近之何家山；后半部分"王僧辩率陈霸先等，于石头城连营立栅于落星山"，其址应在今南京市鼓楼区华侨路街道石头城社区鬼脸城以北。

摄山

在县东北五十五里，高一百三十二丈，东达画石山，画石山，其址在今南京市栖霞区栖霞街道摄山村社区东花村。南接落星山。落星山，其址在今南京市栖霞区栖霞街道滨江社区，今名何家山。《舆地志》云："江乘县◎注：江乘县，秦始皇三十七年（前210）置，三国时东吴废县，改典农都尉。西晋太康元年（280），复置县，隋开皇九年（589）平陈后，并入江宁县。其址在今南京市栖霞区栖霞街道及句容市下蜀镇和句容经济开发区（黄梅街道）一线。西北，有扈谦◎注：扈谦（生卒不详），东晋魏郡（在今湖北襄阳，东晋时侨置）人。居金陵摄山北，精易占，性纵诞，好饮酒。常在建康后巷许新妇店前设摊售卦，一卦一百钱，日限五卦，此外千钱不为。其母住尚方门（六朝都城南面三门西侧之门）外路西，生活起居自理，谦日送钱三百供母，馀钱二百，谦自饮酒。尝为海西公司马奕（342～386）、大司马桓温（312～373）、简文帝司马昱（320～372）等权贵卜筮，预事皆验。母亡，出走，不知所之，数日后，有人于落星山路边，见谦卧地，始谓其醉，提手牵引，唯空衣，无尸也。所居宅村，侧有摄山，山多草药，可以摄生，故以名之。"《江乘地记》："扈村◎注：扈村，因扈谦居之而名，消亡久矣。其址在今南京市栖霞区栖霞街道石埠桥社区。有摄山，形方，四面重岭，似伞，故名伞山。"◎引：《景定建康志》卷十七："摄山，一名伞山，盖其状似伞也。在城东北四十五里，周回四十里，高一百三十二丈。东连画石山，南接落星山，西北有水注江乘浦（在栖霞区，今名九乡河），入摄湖。（又名摄山湖，其址位于栖霞区栖霞街道与龙潭街道之间，原为大江支汊湖荡，沧海桑田，今已成为陆地）"◎注：摄山，今名栖霞山，位于南京城东北20公里处，面积4平方公里，海拔284.7米。古以山形如盖，故名伞山；又山中多药草可以摄生，因名摄山。南朝萧齐永明七年（489），临沂县令明元琳（字仲璋），将其父明僧绍（字承烈，？～483）隐居摄山之所"栖霞精舍"，捐舍给法度禅师（437～500），创立"栖霞寺"，栖霞山名，始于斯时。山中广植枫香、乌桕、槭树等红叶树种，每值深秋，漫山红遍，最宜观赏。山多胜迹，有栖霞寺、明征君碑、舍利塔、千佛崖、飞来石、纱帽峰、春雨桥、白乳泉、般若台、桃花涧、天开岩、叠浪岩、凤翔峰等等，不一而足。"栖霞胜境"为清代"金陵四十八景"之一，乾隆南巡，斯山建行宫焉，今均不存。其址在今南京市栖霞区栖霞街道辖境内。

汤山

在县东北八十里，西接云穴山，◎引：《景定建康志》卷十七："云穴山，在城东八十五里，周回二十里，高九十七丈。南有水，流入石驴溪；有洞空甚幽邃，天欲雨，则穴中云出，因名之。"◎注：云穴山，今名无考，以"有洞空，甚幽邃"度之，则今汤山以西之雷公山，属之为是。不甚高，无大林木，有汤出其下，大小凡六处。汤涧绕其东南。冬夏常热，禽鱼之类，入者辄烂；以煮豆谷，终日不熟；草木濯之，转更鲜茂。旧有汤泉馆并庙，在其南，今废。◎引：《景定建康志》卷十七："汤山，在城东南六十里，西接云穴山。山不甚高，无大林木。有汤泉出其下，大小凡六处。汤涧绕其东南，四时常热。禽鱼之类入者辄烂，以煮豆谷终日不熟，草木濯之愈鲜茂。旧有汤泉馆，今废。"◎注：汤山，位于南京中山门东南30公里处，东西长5公里，南北宽1公里，最高峰团子尖，海拔292.2米。东麓有"四季如汤"之温泉，故名。温泉水质洁净，水温常年恒定于50～60摄氏度左右，六朝以降，历代均有达官贵胄来此沐浴，民国时期多有政要大员在此构筑别墅，现汤山街道建有多家不同档次的温泉宾馆、浴室、招待所及温泉医院、疗养院等。1983年至1990年，先后在汤山以西的雷公山发现两处洞体达 3000 平方米的大型溶洞，一为雷公洞，一为葫芦洞。洞景险奇，钟乳瑰丽，极具观赏性。1993 年，在葫芦洞发现两具 40～50 万年前的古人类头骨化石，是为"南京猿人"，引起世界瞩目。汤山景区，古迹众多，林木繁茂，山水相融，是南京近郊重要的旅游观光和疗养休憩的最佳胜地。其址在今南京市江宁区汤山街道辖境内。

青溪

在县北六里，阔五尺，深八尺，以泄玄武湖水，南入秦淮。按《京都记》云："鼎族多居其侧。"《舆地志》云："水源北出于钟山。"《旧经》："巴（城）南九里入于淮，溪口其埭侧，有青溪祠，其溪因祠为名。"又云："按水为言，故名清溪。"俗说云："郗僧施◎注：郗僧施（？～412）字惠脱，高平金乡（今山东金乡）人。东晋官宦世家，累居清显，袭爵南昌公，领宣城内史，入补丹阳尹。刘毅（？～412）镇江陵，请为南蛮校尉，假节。义熙八年（412），与刘毅、谢混等勾结，意欲反叛，事败，被诛。溪中泛舟，一曲辄作诗一篇。"谢益寿◎注：谢混（？～412），字叔源，小字益寿，陈郡阳夏（今河南太康）人。谢安（320～385）之孙，少有美誉，属文善诗。袭爵望蔡县公，尚晋陵公主（？～432），拜驸马都尉，官至中书令、中领军、尚书左仆射等。义熙八年（412），以刘毅同党罪，下狱，赐死。有《谢混集》。云："青溪中曲，复何穷尽。"◎引：《景定建康志》卷十八："青溪，吴大帝赤乌四年（241）凿东渠，名青溪。通城北堑、潮沟，阔五丈，深八尺，以泄玄武湖水。发源钟山，而南流经京出。今青溪闸口，接于秦淮。及杨溥（900～938）城金陵，青溪始分为二：在城外者，自城濠合于淮，今城东竹桥〔今名竺桥，位于今南京市龙蟠中路与珠江路交叉路口西南，跨杨吴城濠。〕西北接后湖者，青溪遗迹固在。但在城内者，悉皆堙塞，惟上元县治〔其址在今南京市秦淮区白下路110号〕南，迤逦而西，循府治〔其址在今南京市秦淮区中华路锦绣坊王府园〕东南出，至府学墙〔其址在今南京市秦淮区建康路地铁3号线夫子庙站北侧〕下，皆青溪之旧曲。水通秦淮，而钟山水源久绝矣。"◎注：青溪，东吴赤乌四年（241），凿东渠，因位都城之东，五色属青，故名：青溪。其源出钟山第三峰南麓，九曲流经建康城区，延绵10公里，注入秦淮，六朝时期，青溪沿岸多为官宦望族豪宅华苑所据。隋平陈后，荡垦京师，青溪亦随之日渐埋废，历经唐、宋、元、明，涸塞大半，难见旧容。青溪九曲，仅存一曲，试以三段述之。上段：汇钟山西南麓之水于前湖，自半山园城垣下水闸潜流西入明皇城御河，经后宰门迤西，携富贵山南麓来水，过佛心桥，复向西至庭市桥入杨吴城濠。中段：自明代埋废至今，唯存地名尚可依稀寻迹，自竺桥向西南，经桃园新村、梅园新村、东箭道向南，越中山东路，经利济巷、五老村（桥）、寿星里（桥）、常府街（桥）复向西，越太平南路，经小火瓦巷（门帘桥）、娃娃桥（钱厂桥），再迤西至洪武南路向南，至内桥。下段：即留存至今的最后一曲，自内桥西接运渎来水东流，经四象桥、淮清桥入内秦淮河，全长约1公里。青溪入淮口，古名青溪埭，亦称丁字帘，历代文人墨客多有题咏。而今，一曲青溪，再焕新容。溪上的内桥、四象桥、淮清桥，均已改成水泥桥梁，唯内桥拱底尚保留南唐初建时的券洞，实在弥足珍贵。河段两岸，石砌护坡，人行步道，整齐清洁。杨柳依依，水波潋滟，不失为休闲漫步、旅游寻古的好去处。其址在今南京市秦淮区洪武路街道致和街社区。

玄武湖

在县西北七里，周回四十里，东西两派，下入秦淮。春夏深七尺，秋冬四尺，灌田百顷。徐爱徐爱，生平见《淮水》条目下注释《释问》曰："湖本桑泊。"晋元帝司马睿，生平见《升州》条目下注释太兴（318～321）中，创为北湖。宋筑堤，南抵西塘，西塘，一名西池、太子池，东吴太子孙和（224～253）创，其址应在今南京市玄武区北京东路与进香河路丁字路口西南侧。以肄舟师也。又《京都记》云："从北湖望钟山，似宫亭湖宫亭湖，古名彭蠡湖，即今江西鄱阳湖望庐岳庐岳，亦名匡庐，即今江西庐山也。"按：宋元嘉二十三年（446）筑堤，以堰水为池。《舆地志》云："齐武帝萧赜，生平见《穿针楼》条目下注释理水军于此池中，号曰：昆明池。"故沈约◎注：沈约（441～513），字休文，吴兴武康（今浙江德清）人。孤贫好学，博通群籍。起家朝奉请，历仕宋、齐、梁三朝，仕宋，历官记室参军、厥西（今湖南安乡）令、外兵记室、尚书度支郎。仕齐，历官征虏记室、襄阳令、太子家令、中书郎、东阳太守、五兵尚书、国子祭酒、司徒左长史、征虏将军、南清河太守等。仕梁，历官骠骑司马、尚书左仆射、丹阳尹、侍中、尚书令、太子少傅等。梁天监十二年（513），卒于官，时年七十三岁。诏赠本官，赙钱五万，布百匹，谥曰：隐。有《沈隐侯集》。《登覆舟山诗》云："南瞻储胥馆，北眺昆明池。"即此。其湖通后苑，又于湖侧作大窦，引湖水入宫城内天泉池天泉池，一名天渊池，位于台城华林园中，经历宫殿，溯流回转，不舍昼夜。宋元嘉末（453），有黑龙见湖内，故改为玄武湖也。◎引：《景定建康志》卷十八："玄武湖，亦名蒋陵湖、秣陵湖、后湖，在城北二里，周回四十里。东西有沟，流入秦淮，深七尺，灌田一百顷。"《万历上元县志》卷三："后湖，在太平门外，周四十里，一名玄武湖，又名蒋陵湖。湖本桑泊，至吴赤乌四年（241）凿青溪，泄湖水；宝鼎二年（267）开城北渠，引后湖水流入新宫，湖名始著。晋元帝（司马睿）时，名北湖。宋文帝（刘义隆）改名习武湖。元嘉（424～453）中，黑龙见，又名玄

上元县

武湖。大明五年（461），大阅水军，因号昆明池。唐乾元（758～760）中，为放生池，颜真卿（709～785）为记。宋熙宁（1068～1077）中，废为田，事起王安石（1021～1086）。至元大德（1297～1307）中，仅为一池。国朝复为湖，贮天下图籍于湖中洲上，遂为禁地。洲凡五，西北曰：旧洲；西南曰：新洲，上有郭璞墓。前抱一洲，东有荒洲二。近西小洲曰：别岛。西南水独深而澄，号：黑龙潭。"◎注：玄武湖，位于南京主城区玄武门外，占地面积 472.18 万平方米，其中，水面 368.18 万平方米，陆地 104 万平方米。古称桑泊，秦名秣陵湖，汉改蒋陵湖，东吴称后湖，东晋名北湖，刘宋称玄武湖。南朝时，多为水军演练之所，故有昆明池、饮马塘、练湖、习武湖、练武湖等尚武名称。历经隋唐宋元，多为游冶吟咏之境，文人墨客题诗最多；其间，或辟为田畦，或植荷养鱼，凡此种种，不一而足。及至明代，湖内建黄册库，列为禁地。清末，辟为元武湖公园，对外开放。1927 年 8 月，改名五洲公园，即：长洲改亚洲，新洲改欧洲，老洲改美洲，趾洲改非洲，麟洲改澳洲。1934 年 4 月，复改名玄武湖公园；8 月，改亚洲为环洲、欧洲为樱洲、美洲为梁洲、非洲为翠洲、澳洲为菱洲。新中国成立以后，不断进行维护扩建，景区设施日渐完善。五洲争艳，碧波万顷；湖光山色，风景如画，是南京最主要的风景名胜之一。其址在今南京市玄武区辖境内，由南京市玄武湖公园管理处负责管理。

迎担湖

在县西北八里，周回五里，其水坳下，不通江河。《南徐州记》云："县西北五里，有迎担湖，昔晋永嘉（307～312）中，帝司马睿，生平见《升州》条目下注释迁衣冠席卷过江，客主相迎湖侧，遂以迎担为名。"◎引：《景定建康志》卷十八："迎担湖，在城西北石头城后五里，今为田。"◎注：迎担湖，位于南京挹江门外西北侧，东至中山北路，西至三汊河，南至明城墙，北至姜家园，现有水面 12 万平方米。六朝时期，多为兵燹之地。唐宋以降，垦为田畴。明代筑城，辟为城濠。民国时期，废为芦塘，因四周植桃树甚多，故俗称小桃园至今。2003 年，辟建小桃园公园，彻底疏浚迎担湖，湖周增植各种桃树近万株。环湖道路整洁修长，桃园广场、丁香水榭等十多处休闲景点，与古城墙相互辉映，相得益彰。湖光潋滟，桃花妖娆，是南京城北一处极具观赏性的历史风貌景区。其址在今南京市鼓楼区热河南路街道小桃园社区。

马昂洲

在县西北三十三里，周回十五里。《南徐州记》云："临沂西入江，北三里，有马昂洲，晋帝渡江，牧马于其所，故名之。"◎引：《景定建康志》卷十九："马昂洲，在城西北，周回一十五里。"◎注：马昂洲，位于东晋侨置临沂县北〔即今南京市栖霞区燕子矶街道〕大江之中，因元帝司马睿放战马于洲上牧养而命名。隋唐以降，洲体涨陷频繁，仅馀七里，故名七里洲；因其形似草鞋，故又名草鞋洲。明末清初，全洲西坍东移，与东北方新洲连为一体，形如八卦，遂名八卦洲至今。现八卦洲位于燕子矶以北江心，为长江第三大岛。东西 7 公里，南北 8 公里，面积 56 平方公里。洲西南角仍保留"七里"之称，曰：七里村。沧桑易变，生灭无常，马昂遗踪，尚存一点，实属幸哉。其址在今南京市栖霞区八卦洲街道七里村。

舟子洲

在县西五里，周回七里。《舆地志》云："梁天监十三年（514），以朱雀门东北淮水纡曲，数有患，又舟行旋冲太庙湾，乃直通之，中央为舟子洲。四方诸郡秀才上计，所憩止于此。"◎引：《景定建康志》卷十九："舟子洲，在城南隅，周回七里。"《读史方舆纪要》卷二十："又有舟子洲，亦近镇淮桥。《金陵记》：

洲在城南隅，周回七里。当朱雀航、长乐渡之间，今亦埋废。"◎注：舟子洲，六朝萧梁时所辟，凿朱雀门至饮虹桥之渠，以与秦淮南湾相通联，遂成是洲。洲上多为驿馆，为诸郡赴京应试秀才憩息之所。隋灭陈后，埋废不存。其址应在今南京城南隅，南至今镇淮桥，北至今长乐路口，东至今朱雀桥，西至今新桥一带，地属今南京市秦淮区双塘街道和夫子庙街道辖境内。

故丹阳郡城

在县东南四里。《舆地志》云："丹阳郡，本吴地。楚、汉之际，江、淮之间，溧阳以北，皆属荆王刘贾，刘贾，生平见《升州》条目下注释。英布、英布，生平见《升州》条目下注释。吴王濞、◎注：刘濞（前215～前154），沛（今江苏徐州）人，刘邦之侄，封吴王。于封国内"即山铸钱，煮海水为盐"，日益强大。汉景帝三年（前154），联合楚、赵等七国，以"请诛晁错，以清君侧"为口号，率军北进，被周亚夫击败。后欲再联东越，重振旗鼓，不幸，被诱至丹徒，为东越人所杀。江都易王非◎注：刘非（前168～前129），汉景帝之子，景帝二年（前155），封汝南王。三年（前154），吴楚七国之乱，率军参与平叛，吴破，功封江都王，故吴国之地尽属之。好气力，尊儒术，治宫馆，招四方豪杰。汉武帝元光六年（前129）十二月，病薨。并有其地。元封二年（前109），以为丹阳郡，领宛陵、于潜、江乘、春榖、秣陵、故鄣、句容、泾、石城、湖孰、陵阳、芜湖、黝、溧阳、宣城、歙、丹阳，凡一十七县，理于宛陵。"◎引：《景定建康志》卷二十："丹杨郡城，案《宫苑记》：'在长乐桥（今朱雀桥）东一里，南临大路，城周一顷，开东、南、北门。汉元封二年（前109），置丹杨郡。至晋太康（280～289）中始筑城，宋、齐、梁、陈，因之不改。'考证《汉志》：置丹杨郡，先治宛陵

（今安徽宣城）。建安十三年（208），孙权分为新都郡；二十六年（221），权始置丹杨郡，自宛陵治建业。晋太康元年（280），改建业复为秣陵，置江宁县。唐初废为州，天宝元年（742）复置，至德二载（757）析置江宁郡。《元和郡国志》：'丹阳郡故城，在今江宁县东南。'蔡宗旦《金陵赋》注云：'《古图》：长乐桥东一里，今桐林湾军寨处。'"《万历上元县志》卷六："汉丹阳郡城，《吴苑记》：'长乐桥东一里，南临大路。'即今武定桥东南，城周一顷，辟东、南、北三门，晋太康（280～289）中筑。宋元嘉（424～453）中，徙越城流人于此。宋南渡后，古城犹在。"《金陵世纪》卷一："汉丹阳郡城，按《吴苑记》：去长乐桥东一里，南临大路。长乐即今武定桥东南，有长乐巷，盖东城角内外皆是。"◎注：丹阳郡城，始建于西晋太康元年（280），位于今南京市秦淮区武定桥东南，其四至范围大抵为：西至箍桶巷，北至马道街，东、南均至明城墙之内。六朝以降，城垣虽在，郡衙迁出，徙北方流人居之。隋唐时期，已然形成坊里，士庶杂处其间。及至南宋，古城犹在。元明之后，融入城南街巷，难寻其踪。其址应在今南京市秦淮区夫子庙街道江宁路社区、转龙巷社区和中营社区内。

西浦

《郡国志》云："金陵西浦，亦云项口，即张硕◎注：张硕（生卒不详），晋桂阳（今湖南郴州）人，居太湖洞庭包山。相传：神女杜兰香，曾降临其家，成婚不久，即离去。一年后，硕船行至建业，忽见兰香乘车于岸际，不胜惊喜，欲登其车，奴婢力扞攘之。于是遂退，目送香车仙去。捕鱼遇杜兰香◎注：杜兰香（生卒不详），仙女名，自称南康（今江西赣州）人。《墉城集仙录》：杜兰香者，有渔父于湘江之岸见啼声，唯一二岁女子，渔父怜而举之。十馀岁，天姿奇伟，灵颜姝莹，天人也。忽有青童自空下，集其家，携女去，归升天。谓渔父曰：我仙女也，有过，谪人间，今去矣。其后降于洞庭包山张硕家。处。"

◎引：《至正金陵新志》卷五："西浦，《郡国志》：金陵西浦，亦云项口，即桂阳张硕捕鱼遇女杜兰香处。曹毗有《续兰香歌、诗》十篇。"《搜神记》卷一："汉时有杜兰香者，自称南康人氏。以建兴四年（316）春，数诣张传。传年十七，望见其车在门外，婢通言：'阿母所生，遣授配君，可不敬从。'传先名，改硕。硕呼女前视，可十六七，说事邈然久远。有婢子二人，大者萱支，小者松支，钿车青牛，上饮食皆备。"《晋书》卷九十二："曹毗，字辅佐，谯国人也。少好文籍，善属词赋。时桂阳张硕为神女杜兰香所降，毗因以二篇诗嘲之，并《续兰香歌、诗》十篇，甚有文采。"《金陵世纪》卷三："西浦，在府南，一名项口。昔桂阳张硕遇神女杜兰香，有诗云：天上人间两渺茫，不知谁是杜兰香。来经玉树三山远，去隔银河一水长。"《金陵选胜》卷一："西浦，在城西，昔桂阳张硕遇神女杜兰香于此。"◎注：西浦，所处位置，有曰：在江宁府南；有曰：在府城西，均为泛泛之言，具体则无从考实，姑揣其址在城西南大江之滨，所谓"洛神巫梦，想有所托"，并录于此，聊备一晒。

建康县城

在县西一里。吴大帝孙权，生平见《升州》条目下注释自京口今江苏镇江迁秣陵今江苏南京，改建业。晋避愍帝司马邺，生平见《升州》条目下注释讳，改名建康。元帝止都焉，初县理本在宣阳门宣阳门，六朝都城南门，其址在今南京市玄武区大行宫以北内。苏峻苏峻，生平见《升州》条目下注释之乱，被焚，移入苑城。既为台城，乃徙金都（陵）乡朱雀里，金陵乡朱雀里，属上元县，其址在今南京市玄武区傅厚岗一带。又云：大亭里。盖晋元帝司马睿，生平见《升州》条目下注释初过江，为琅邪国人所立怀德县◎注：怀德县，东晋大兴三年（320）所置侨县，后改名费县，宋元嘉十五年（438）废。其址在今南京市玄武区鼓楼至九华山一线以北。处。又《乐录》云："吴王夫差◎注：夫差（约前 528～前 473），姬姓，吴氏，春秋时期吴国末代国君。周敬王二十四年（前 496），其父吴王阖闾率军攻打越王勾践，战败重伤，不治身亡。翌年（前 495），夫差即位后，誓报父仇，于夫椒（今江苏吴县）大败越军，许越为属国。后不听伍子胥劝谏，开凿邗沟（今扬州至淮安间古运河），从海上攻齐，捷于艾陵（今山东莱芜）；又在黄池（今河南封丘）大会诸侯，与晋争盟。越乘虚袭吴，夫差被迫回师，向越请和。周元王四年（前 473），越王勾践大举攻吴，围困姑苏（今江苏苏州），夫差见大势已去，自刎而死，吴国灭亡。移鼓于建康之南门，有双鹭从鼓中飞出，或云：鹭者鼓之精。"◎引：《建康实录》卷五："中宗（司马睿）初，琅邪国人置怀德县，在宫城南七里，今建初寺（其址在今南京秦淮区花露岗东麓）前路东，后移于宫城西北耆阇寺（其址在今南京玄武区北极阁西麓）西。帝又创巳北为琅邪郡，而怀德属之，后改名费县。其宫城南旧处，咸和（326～334）中，移建康县，自苑城出居之。"《六朝事迹编类》卷三："建康县城，吴冶城东，今天庆观（即今朝天宫）东，是其地。《寰宇记》：'在县西一里。'晋太康三年（282），分淮水北为建康县，上元之地居多。"《景定建康志》卷十五："建业县，《晋书》：太康三年（282），分秣陵淮水北为建业。建兴初（313），避帝讳改建康县。旧有城，在吴冶城东。"◎注：建康县城，六朝时期，数迁其址。初在都城宣阳门外御街西（其址在今南京市玄武区梅园新村街道大行宫社区西南侧），后移至城南建初寺前路东（其址在今南京市秦淮区双塘街道磨盘街社区），再移至城北耆阇寺西（其址在今南京市玄武区玄武门街道高楼门社区），终移至冶城天庆观东（其址在今南京市秦淮区朝天宫街道冶山道院社区）。隋平陈后，省入江宁县。

琅邪城

在县东北六十里，王隐◎注：王隐（生卒不详），字处叔，陈郡陈（今河南淮阳）人。博学多闻，儒素自守。建兴（313～316）中，过江；太兴初（318），召为著作郎，令撰《晋史》，赐爵平陵乡侯。时著作郎虞预（约285～340）私撰《晋书》，数访于隐，并借隐所著书窃写之，更以嫉妒之心屡结权贵谤隐。隐被黜归家，贫无资用，书遂不就。乃依征西将军庾亮（289～340）于武昌，亮供其纸笔，《晋书》九十三卷乃得修成，诣阙上之。年七十馀，卒于家。有《王隐文集》十卷。

《晋书》云："江乘江乘县，概况见《摄山》条目下注释南岸，蒲洲津◎注：蒲洲津，其址在今南京市栖霞区便民河南段有城，即琅邪城。"◎引：《景定建康志》卷二十："琅邪城，在江乘县界。晋元帝以琅邪王过江，国人随而居之，因城焉。在县东北六十三里，今句容县琅邪乡，即其地也。"《万历上元县志》卷六："琅邪城，《南徐州记》：江乘南岸蒲洲津，有琅邪城。晋元帝筑以处国人之随渡江者。齐武帝永明元年（483），移琅邪于白下。"◎注：琅邪城，位于今南京市栖霞区栖霞街道南部，永嘉元年（307）司马睿（276～322）初渡江，太兴三年（320），为安置随迁琅邪国（今山东临沂）人，侨置琅邪于丹阳郡江乘县；咸康元年（335），大将军桓温（312～375）领琅邪郡，割江乘南岸筑城，遂有实土。刘宋时，增侨置彭城郡于此。南齐永明元年（483），郡治迁白石垒（其址在今南京市鼓楼区幕府山街道北崮山社区）。萧梁时，复称琅邪郡。陈太建十年（578），废，以其地改置建兴郡。陈亡后，又废。其址在今南京市栖霞区栖霞街道东阳社区。

东府城

在县东二里。《舆地志》云："晋安帝◎注：司马德宗（382～418），字德宗，孝武帝司马曜（362～396）长子，东晋第十位皇帝。太元十二年（387）八月，立为皇太子；二十一年（396）九月，即皇帝位。帝不惠，自少及长，口不能言，虽寒暑之变，无以辨也。凡所动止，皆非己出。元兴二年（403），桓玄（369～404）篡位，以帝为平固王。义熙元年（405），帝自江陵舆驾还建康。义熙十四年（418）十二月戊寅，刘裕（363～422）秘缢帝于台城东堂，时年三十七岁。葬休平陵，谥：安皇帝。义熙十年（414）筑，其城西即简文帝司马昱，生平见《烈洲》条目下注释为会稽王时第，其东则丞相会稽文孝王道子◎注：司马道子（364～402），字道子，河南温县人。孝武帝（司马曜，362～396）之弟，初封琅邪王，后改封会稽王。淝水之战（383）后，任司徒、录尚书事、扬州刺史、都督中外诸军事，代谢安主政。在任引用谄佞，昏暴奢侈，擅权纳贿，频频涉侵皇权。孝武帝起用王恭（？～398）、殷仲堪（？～399），以牵制其势，他全然不顾，只知酣饮昏醉，宰辅大权尽付其子司马元显（？～402）。元显无良师友，正言不听，骄侈自用，致使公私不赡，编户饥馑。元兴元年（402），荆州刺史桓玄（369～404）攻入建康，司马元显及其六子尽遭诛杀，司马道子亦被酖杀，时年三十九岁。府，谢安石谢安，生平见《古檀城》条目下注释蠹，以道子代领扬州，第在州东，故时人号为东府。而号府廨西州。"又按《丹阳记》云："扬州廨，乃王敦◎注：王敦（266～324），字处仲，琅邪临沂（今山东临沂）人。王导（276～339）从兄，晋武帝司马炎（236～290）之婿，历任扬州刺史、镇东大将军、都督江扬六州诸军，重兵屯驻武昌。永昌元年（322），自武昌举兵东下，攻入建康，旋移镇姑熟（今安徽当涂），威逼朝廷。太宁二年（324），病逝于军中。所创，门东、南、西三门，俗谓之西州。永嘉初（307），罢扬州，缮为未央宫。陈初（557），又修为扬州廨。"◎引：《晋书》卷十："义熙十年（414），是岁，城东府。"《建康实录》卷十："义熙十年（414）冬，城东府。案《图经》：今城县东七里清溪桥东南，临淮水，周三里九十步，今太宗旧第，后为会稽文孝王道子宅。谢安蠹，道子领扬州刺史，于此理事，时人呼为东府。至是筑城，以东府为名。其城东北角有灵秀山，即道子宅，内壁臣赵牙所筑。"《景定建康志》卷二十："东府城，晋安帝义熙十年（414）冬，城东府，在青溪桥（即今淮清桥）东南，临淮水，周三里九十步，去台四里。简文为王时旧第，后为会稽王道子宅。道子录尚书事，以为治所，时人呼为'东府'。其子元显亦录尚书事，时谓道子为'东录'，元显为'西录'。西府车骑填凑，东第门下可设雀罗。东第，即今东府城也。"◎注：东府城，位于建康台城以东，故名。今南京通济门一带，应为其地。初为东晋简文帝司马昱为王子时的府第，及至孝武帝司马曜在位时（373～396），会稽王司马道子担任丞相，入住东府，其心腹壁臣赵牙在东府为其修建了奢华的私家园林宅第。延及晋安帝义熙十年（414），时任侍中、车骑将军、都督中外诸军事的刘裕，对东府进行大规模重新扩建，重建后的东府已然成城，城为土筑，周长三里九十步，开东、南、西三门，城墙上建有雉堞（即女墙），城外凿有濠堑（即护城河）。此后，建康每有事，必置戍镇守东府城。隋开皇九年（589），陈亡遂废，荡垦无存。其址应在今南京市秦淮区大光路街道大光路社区。

故费县城

在县西北九里。《南徐州记》："在建康北二里，即怀德县，寄建康北境。又置琅邪郡，割潮沟为界，陈亡，废。"◎引：《建康实录》卷五："太兴三年（320）秋七月，诏：'琅邪国人随在此者近有千户，以立为怀德县，统丹杨郡，永复为汤沐邑。'案：中宗初，琅邪国人置怀德县，在宫城南七里，今建初寺前路东（其址在今南京市秦淮区双塘街道磨盘街社区），后移于宫城西北三里耆阇寺西（其址在今南京市玄武区玄武门街道高楼门社区）。帝又创已北为琅邪郡，而怀德县属之，后改名费县。"《景定建康志》卷十五："《临沂古迹编》云：费县，其琅邪分界于潮沟村（其址在今南京市玄武区梅园新村街道兰园社区），在县北九里，今在上元县钟山乡（其址在今南京市玄武区锁金村街道）。"◎注：费县，原为怀德县，东晋南渡时侨置，属琅邪郡。刘宋元嘉十五年（438），省费县并入建康、临沂。陈亡，尽废。

临沂县城

在县西北三十里，在临沂山西，北临大江。《舆地志》云："晋成帝司马衍，生平见《升州》条目下注释咸康七年（341），分江乘县，江乘县，概况见《摄山》条目下注释。立临沂县，属琅邪郡。"又云："本南徐州之属，晋则诸葛恢，◎注：诸葛恢（284～345），字道明，琅邪阳都（今山东沂南）人。年少知名，初任即丘长，迁临沂令。后随司马睿南渡，历任主簿、江宁令、镇东参军、从事中郎、会稽太守、丹阳尹等。东晋立国，累官侍中、左民尚书、武陵王师、吏部尚书、尚书右仆射、散骑常侍、尚书令等。永和元年（345）卒，时年六十二岁，赠：左光禄大夫，仪同三司；谥曰：敬。宋则臧焘，◎注：臧焘（353～422），字德仁，东莞莒县（今山东莒县）人。自幼好学，精通《三礼》。起家国子助教，迁临沂令，转太学博士。刘裕起兵，拜右军参军、中军参军事，入补度支郎中、祠部尚书，封高陵亭侯，迁通直散骑常侍。累官至太尉咨议参军、侍中、太常卿等。永初三年（422）卒，时年七十岁，赠：左光禄大夫、散骑常侍。梁则孟智，◎注：孟智（生卒不详），生平无考，除《景定建康志》卷四十七："《古今人物表》（梁）：职于此，孟智，临沂令。"以及《至正金陵新志》卷十三："《人物志》（梁）：孟智（临）。"外，史籍无传。陈则明僧绍◎注：明僧绍（？～483），字承烈，平原郡鬲县（今山东德州）人。宋元嘉（424～453）中，举秀才，明经有儒术；永光（465）中，镇北府辟功曹，皆不就。隐居崂山，聚徒立学。淮北沦陷后，南渡，遁隐摄山，筑栖霞精舍居之。永明元年（483），征国学博士，不就，未几，卒。之子仲璋，◎注：明仲璋（生卒不详），名元琳，字仲璋，明僧绍次子，南齐永明七年（489），任临沂县令。其时，捐栖霞精舍为寺，是为栖霞寺之始；又与寺僧法度开凿千佛岩，至梁天监十年（511）始成。**傅奕**◎注：傅奕（生卒不详），字德培，北地灵州（今宁夏吴忠）人。萧梁时，任临沂令。《陈书》卷三十："傅縡（531～585），字宜事，北地灵州人也。父奕，梁临沂令。"并为临沂令。以后无闻。晋太保王导**王导**，生平见《升州》条目下注释群宗并其县人。"陈亡，废。◎引：《建康实录》卷七："咸康七年（341）夏四月，是月诏：实编户，王公已下，皆正土断、白籍。分江乘县西界，置临沂县，属琅邪郡。案：临沂县废城，在东江独石山，西临大江，在今县北四十里也。"《景定建康志》卷十五："临沂县，本徐州琅邪国县，晋咸康七年（341），分江乘西界侨置，属南琅邪郡。陈属建兴郡。"《万历上元县志》卷六："临沂城，在长宁乡独石山，北临大江。今摄山之西白帝村，即其地。"《同治上江两县志》卷三："临沂山，在上元东北长宁乡。《建康志》：'周回三十里，高四十丈，东北接落星山，西临大江，临沂县城倚焉。'《实录》：'临沂县废城，在东江独石山。'《江南通志》：'今摄山之西白常山即其地。梁敬帝时（556），陈霸先（503～559）大破齐人于幕府山，追奔至临沂，即此山也。俗称周家山。"◎注：临沂县城，东晋咸康七年（341），割江乘县以西即临沂山（今名周家山）一带，侨置。历经东晋、宋、齐、梁、陈，代有循吏。隋开皇九年（589），陈亡，废，并入江宁。其址在今南京市栖霞区栖霞街道甘家巷社区。

古扬州城

今江宁县城在其西偏，城东至西州桥，◎注：西州桥，亦名羊市桥，清末，渎涧桥废，毁弃无痕。其址在今南京张府园。西至冶城今南京朝天宫，周回三里，后汉因之不改，即此城也。◎引：《景定建康志》卷二十："西州城，即古扬州城。汉扬州，治曲阿（今江苏丹阳）；晋永嘉（307～312）中，迁于建康。王敦〔王敦，生平见《东府城》条目下注释〕始为建康创立州城，即此城也。案《建康实录》：'城所置，西则冶城，东则运渎。'今天庆观之东，西州桥是也。"《万历上元县志》卷六："西州城，即古扬州城。晋永嘉（307～312）中，迁于建康，王敦始创立州城，即此城也。太元末（396），会稽王道子〔司马道子，生平见《东府城》条目下注释〕治扬州，居东府，故号此城为西州。大明（457～464）中，以为丹阳尹治。"◎注：古扬州城，始于东吴黄武元年（222）设扬州牧，治所在今朝天宫以东，张府园以西一带。东晋王敦即其地筑城，是为城之始也。刘宋时，改为西州城。隋开皇九年（589），扬州改名蒋州，移治石头城。唐武德三年（620），复置扬州；九年（626），扬州移治江都（今江苏扬州）。从此，古扬州城即西州城，废弛无存。其址在今南京市秦淮区朝天宫街道张府园社区和冶山道院社区之间。

古丹阳郡城

在今长乐桥今南京秦淮区朱雀桥东一里，南临大路，城周一顷，开东、南、北三门，城本属秦之鄣郡，前汉武帝刘彻，生平见《升州》条目下注释。元封二年（前109），改鄣郡置丹阳郡。今此城，即晋武帝◎注：司马炎（236～290），字安世，河内温县（今河南温县）人，司马懿（179～251）之孙，晋朝开国皇帝。咸熙二年（265），逼魏元帝曹奂（246～302）禅让，即位为帝，国号：晋；改元：泰始。立国之初，革故鼎新，厉行节俭，推行法治，国力日盛。咸宁五年（279），灭吴，实现一统。后渐怠惰政事，淫逸骄奢，任用外戚，乱封诸王，是为"八王之乱"祸源所在。太熙元年（290）四月，病薨，时年五十五岁，谥：武皇帝；庙号：世祖。太康元年（280）筑也。宋、齐、梁、陈，因之不改焉。◎引：《至正金陵新志》卷十二："丹阳郡城，案《宫苑记》：'在长乐桥东一里，南临大路，城周一顷，开东、南、北三门。汉元封二年（前109），置丹杨郡；至晋太康（280～289）中，始筑城。宋、齐、梁、陈，因之不改。'《元和郡国志》：'丹阳郡故城，在今江宁县东南。'蔡宗旦《金陵赋》注云：'《古图》：长乐桥东一里，今桐林湾军寨处。'"◎注：古丹阳郡城，始建于晋太康元年（280），历经宋、齐、梁、陈，沿用不废。隋开皇九年（589），陈亡，垦毁无存。其概况详情见《故丹阳郡城》条目下注释。

古建康县

初置在宣阳门其址在今南京大行宫十字路口东北侧内，晋咸和三年（328），苏峻苏峻，生平见《升州》条目下注释作乱，烧尽，遂移入苑城。即台城，其址见《台城》条目下注释。咸和六年（331），以苑城为宫，乃徙出宣阳门外御街其址在今南京太平南路延伸至朱雀桥西侧西，今建初寺其址在今南京城南花露岗东麓门路东。是时，有七尉部：江尉，在三生渚；即长命洲，其址见《长命洲》条目下注释。西尉，在延兴寺其址在今南京建邺路鼎新桥以南打钉巷附近后巷北；东尉，在吴大帝陵口，今南京东郊梅花山。今蒋山今南京钟山西门；南尉，在草市其址在今南京四象桥北堍以西北，湘宫寺其址在今南京四象桥东北邀贵井一带前；北尉，在潮沟村；其址在今南京太平北路兰园一带。左尉，在青溪孤首桥；其址在今南京明故宫后宰门附近。右尉，在纱市。其址在今南京北极阁山西麓高楼门一带。◎引：《六朝事迹编类》卷三："建康县城，吴冶城东，今天庆观东，是其地。《寰宇记》云：'在县西一里。'晋太康三年（282），分淮水北为建康县，上元之地居多。"《景定建康志》卷十五："建业县，《晋书》：'太康三年（282），分秣陵淮水北为建业。建业初（313），避帝晋愍帝〔司马邺，生平见《升州》条目下注释〕讳改建康县。'旧有城，在吴冶城东。"◎注：古建康县，始建于晋太康三年（282），其概况详情见《建康县城》条目下注释。所谓"七尉"，系当时建康县尉〔县尉，职同今之公安局长〕为维持治安，在城内设立的七处办事地点，有吏卒专主其事。

石头城

楚威王楚威王熊商，生平见《升州》条目下注释灭越，置金陵邑，即此也。后汉建安十七年（212），吴大帝孙权，生平见《升州》条目下注释乃加修理，改名石头城，用贮军粮器械。诸葛亮诸葛亮，生平见《升州》条目下注释曾使建业，谓大帝曰："钟山龙盘，石城虎踞。"即此也。西南最高处，有吴烽火楼，城东有大石，俗呼为：塘冈，即王敦王敦，生平见《东府城》条目下注释害周伯仁、◎注：周顗（269～322），字伯仁，汝南安成（今河南汝南）人。少有声誉，神采飞扬。荫袭封成武县侯。永嘉元年（307），随司马睿出镇江东，历任军咨祭酒、宁远将军、荆州刺史、护南蛮校尉等。建武元年（317），东晋立国，官至吏部尚书、尚书左仆射。永昌元年（322），王敦叛乱，被杀于石头城。太宁二年（324），追赠：左光禄大夫、仪同三司；谥曰：康。戴若思◎注：戴渊（269～322），字若思，广陵郡（今江苏扬州）人。风仪闲爽，不拘操行。举孝廉，授沁水县令。历任豫章太守、治书侍御史、骠骑司马、散骑常侍，封秣陵县侯。东晋立国后，历任镇东右司马、前将军、尚书、中护军等。太兴四年（321），授散骑常侍、征西将军、都督六州军事，出镇合肥。永昌元年（322），王敦叛乱，率军勤王，兵败遇害。太宁二年（324），追赠：右光禄大夫、仪同三司；谥曰：简。处，百姓冤之，乃记其石焉。宋废帝◎注：刘子业（449～465），小字法师，宋孝武帝刘骏（430～464）长子。蜂目鸟喙，长颈锐下，幼而狷急，凶残暴虐。

元嘉三十年（453），册立为皇太子。大明二年（458），出居东宫；八年（464）五月十六日，即皇帝位，大赦，改元：永光，旋改：景和。即位以后，凶形毕露，恣意妄为，荒淫无耻，滥杀大臣，天怒人怨。景和元年（465）十一月三十日，被主衣近侍寿寂之（？～471）诛杀于台城华光殿，时年十七岁。葬于丹阳郡秣陵县南郊坛西，史称：宋前废帝。景和初（465），修缮为长乐宫。隋平陈后，用为蒋州城。**辅公祏**辅公祏，生平见《升州》条目下注释据江东，用为扬州。**赵郡王孝恭**◎注：李瑗（591～640），字孝恭，陇西成纪（今甘肃秦安）人。唐朝宗室，武德元年（618），拜左光禄大夫，封赵郡王。出任山南道招慰大使、信州总管、荆湘道行军总管、荆州大总管等。武德七年（624），诛灭辅公祏（？～624）后，应召回京，任宗正卿，实封一千二百户。贞观初（627），出任凉州都督、晋州刺史，累官至礼部尚书，封河间郡王。贞观十四年（640），卒，时年五十岁。赠：司空、扬州都督；谥曰：元。陪葬献陵，配享高祖庙庭。平公祏，又于城置扬州大都督府，后徙扬州于广陵，此城遂废。◎引：《六朝事迹编类》卷二："石城，建康之西，吴孙权沿淮立栅，又于江岸必争之地筑城，名曰：石头。常以心腹大臣镇守之。今石城故基乃杨行密（852～905）稍迁近南，夹淮带江，以尽地利。其形势与长干山连接。《舆地志》云：'环七里一百步，在县西五里，去台城九里，南抵秦淮口。今清凉寺之西是也。'诸葛亮论金陵地形云：'钟阜龙盘，石头虎踞，真帝王之宅。'正谓此也。"《晋书》卷六："永昌元年（322）春正月戊辰，大将军王敦举兵于武昌，以诛刘隗〔刘隗（273～333），字大连，彭城（今江苏徐州）人。少有文翰，雅习文史。起家西晋秘书郎，迁冠军将军、彭城内史。司马睿避乱渡江，以为从事中郎。东晋立国后，历任御史中丞、侍中、丹阳尹，封都乡侯。永昌元年（322），王敦以讨伐刘隗为名起兵叛乱，攻破建康城。刘隗反攻不克，辞帝北逃，投奔后赵石勒（274～333），任从事中郎、太子太傅、丞相左长史。咸和八年（333），受命西征，战殁潼关，时年六十一岁。有《刘隗集》。〕为名。四月丙子，敦据石头，骠骑将军、秭陵侯戴若思，尚书左仆射、护军将军、武城侯周顗，为敦所害。"《建康实录》卷五："永昌元年（322）春正月戊辰，大将军、荆州牧王敦举兵反于武昌。四月，敦先锋攻石头军，周札开城纳贼。时参军吕猗说敦曰：'周顗、戴渊，皆有高名，瞻视不恒。若不早除，恐为后患。'敦乃同收，害之。顗与戴渊同杀于石头城东塘颓石上，百姓冤之，至今纪其石。"《景定建康志》卷二十："周显王三十六年（前333），越为楚所灭，乃因山立号，置'金陵邑'，今石头城是也。"《景定建康志》卷十七："自六朝以来，皆守石头以为固，以王公大臣领戍军为镇。其形胜，盖必争之地云。隋平陈，置为蒋州城。辅公祏据江东，用为扬州。公祏平，又于城置扬州大都督府。后移扬州于广陵，此城遂废。"◎注：石头城，位于今南京城西清凉山，原为楚威王所置之金陵邑，东汉建安十六年（211），孙权徙治秭陵，次年，在金陵邑城址之上筑石头城，以贮军粮器械。1999年，南京市文物考古部门在清凉山发现一处六朝古城垣，宽约10米，残高6米；同时，出土了一些绳纹板瓦、筒瓦、云纹瓦当、几何纹楔形砖、铜铁箭镞等六朝早期遗物。此后，大多数人确认清凉山就是石头城。另有学者认为清凉山上的考古发现，应为石头小城或石头斗城。真正的石头城应在清凉山与汉中门之间，其规模"环七里一百步"，约合3200米，为东晋义熙六年（410），在东吴土城基础上加砖包砌而成。城开三门，即东门、南门、西门，南濒淮水，西临大江，城内有石头仓，城南有石头津，城西南最高处有烽火楼，历来为兵家必争之地。其址在今南京市鼓楼区华侨路街道清凉山社区。

废琅邪郡城

本晋元帝司马睿，生平见《升州》条目下注释初过江，为琅邪国人立，地在江乘县江乘县，概况见《摄山》条目下注释界。齐武帝萧赜，生平见《穿针楼》条目下注释永明六年（488），移琅邪于白下置，本名白石垒，白石垒，其址在今南京中央门外北崮山。在县西北十八里。齐、梁讲武于此。◎引：《景定建康志》卷二十："琅邪城，在江乘界。晋元帝以琅邪王过江，国人随而居之，因城焉。在县东北六十三里，今句容县琅邪乡，即其地也。考证：齐武帝永明元年（483），移琅邪于白下置，大起楼观，讲武于此。在上元县金陵乡西北，去县十四里，乃白下之城。齐永明六年（488），于琅邪城讲武，习水步，观者倾都。"◎注：废琅邪城，东晋初，设置于江乘县南，至南齐时，迁至建康白石垒，遂废。其概况详情见《琅邪城》条目下注释。

宣武城

在县西北九里。《舆地志》云："宋大明三年（459），沈庆之◎注：沈庆之（386～465），字弘先，吴兴武康（今浙江德清）人。少年英武，勇卫乡里。义熙十一年（415），三十岁，以中兵参军起家，作战威猛，善于谋略，历仕刘宋高祖、少帝、文帝、孝武帝、前废帝五朝。其间，两次参加北伐，五次平定诸蛮，以及讨平刘劭（424～453）、鲁爽（？～454）、刘诞（433～459）等叛乱。累官至侍中、太尉、司空、车骑大将军，封始兴郡公。永光元年（465），因屡直言进谏，触怒前废帝，被赐死，时年八十二岁。谥：忠武。翌年（466），明帝刘彧（439～472）改封苍梧郡公，追赠：侍中、司空；谥曰：襄。所筑。初，孝武宋孝武帝刘骏，生平见《岩山》条目下注释欲北伐，问庆之须兵几何？庆之曰：二十万。帝疑其多，对曰：攻守百倍。帝乃令庆之守此城，帝自率六军攻，不能下，乃止不讨。"又曰："宋立宣武为城名，帝阅武于其地，亦谓为：武帐冈。"陈亡，废。◎引：《建康实录》卷五："太兴三年（320），是岁，创北湖（今南京玄武湖），筑长堤，以壅北山（今南京钟山）之水，东自覆舟山（今南京小九华山）西，西至宣武城六里。"《南史》卷二："元嘉二十二年（445）九月己未，开酒禁；癸酉，宴于武帐堂，上将行，敕诸子且勿食，至会所赐馔。日旰，食不至，有饥色。上诫之曰：'汝曹少长丰佚，不见百姓艰难，今使尔识有饥苦，知以节俭期物。'"《景定建康志》卷十七："武帐冈，案《宫苑记》：'古宣武城，其地本宋文帝（刘义隆，407～453）阅武帐，今谓之武帐冈。'"《万历上元县志》卷三："武帐冈，在幕府山东南，冈侧有武帐堂。"◎注：宣武城，位于幕府山东南，玄武湖西北。本宋文帝刘义隆检阅步兵操演之地，名武帐冈。至孝武帝刘骏时，大将军沈庆之率兵筑城驻军，名宣武城。历经宋、齐、梁、陈，其制不改。隋灭陈后，废弛不存。其址应在今南京市鼓楼区小市街道安怀村社区。

同夏故城

在县东十五里。《舆地志》云："梁大通三年（529），分建康之同夏里，置同夏县。陈平，毁之。"◎引：《六朝事迹编类》卷三："同夏县城，《南史》：'梁武帝以宋孝武大明元年（457，误；应为大明八年，464）生于秣陵县同夏里三桥宅，及即位，大同元年（535），分同夏里为同夏县。'《寰宇记》云：'在城东十五里。'其地在长乐乡。"《景定建康志》卷十五："同夏县，梁武帝生于秣陵同夏里，大同元年（535）因以置县。陈属建兴郡，隋省入江宁。《图经》云：'县东十五里有同夏浦，旧有城，今上元县长乐乡是其地。'"◎注：同夏故城，梁大同元年（535），一说大通三年（529），因建康同夏里三桥为梁武帝诞生地，故辟同夏里置同夏县。县治在同夏里三桥宅（其址在今南京市秦淮区夫子庙街道江宁路社区）；县域辖境在上元县长乐乡（其址在今南京市秦淮区光华路街道高桥社区、银龙花园社区和江宁区东山街道上坊社区、高桥门社区，以及江宁区麒麟街道麒麟门社区、泉水社区等），属丹阳郡。陈太建十年（578），改属建兴郡。隋开皇九年（589），陈亡，废，并入江宁县。

故白下县城

在县西北十四里。《舆地志》云："本江乘县白石垒，齐武帝齐武帝萧赜，生平见《穿针楼》条目下注释以白下地依带江山，移琅邪郡居之。"陈亡，废。唐武德元年（618），罢金陵县，筑城于此，因其旧名。贞观十七年（643），又移还旧郭，其城乃废。◎引：《景定建康志》卷二十："白下城，按《图经》及《寰宇记》引《舆地志》云：'本江乘之白石垒也。齐武帝以其地带江山，移琅邪居之。'唐武德元年（618），罢金陵县，筑城于此，因其旧名曰：白下。正（贞）观七年（633），复旧治，此地遂废。考证：唐《地理志》云：'武德三年（620），更江宁曰：归化；八年（625），更归化曰：金陵；九年（626），更金陵曰：白下，隶润州。正（贞）观九年（635），复更白下曰：江宁。'前说兴废本末，与此不同，宜以唐史为正。又按《南史》：'齐武帝欲修白下城，难于动役。刘系宗〔刘系宗（419～495），丹阳（今江苏南京）人。少善书画，历仕宋、齐两朝。仕宋，初以竟陵王子侍书起家，历任奉朝请、中书通事舍人、员外郎、秣陵令，封始兴南亭侯。仕齐，历官羽林监、步兵校尉、海盐令、龙骧将军、建康令、宁朔将军、淮陵太守、中书通事舍人、少府、游击将军、鲁郡太守、骁骑将军、宣城太守等。建武二年（495），卒于官，时年七十七岁。〕启谪役在东者，上从之。后武帝讲武白下，履行其城，曰：系宗为国家得此一城。'《图经》云：'在城西北十四里。'今靖安镇北有白下城故基。父老传云：即此地也。属金陵乡，去府城十八里。"◎注：故白下县城，始建于南朝萧齐，因白石垒而筑，故名。陈亡，城废。唐武德九年（626），罢金陵县，筑城于故城基，因旧名白下。贞观九年（635），移还旧郭，更白下为江宁，城遂废。其址在今南京市鼓楼区幕府山街道北崮山社区。

辅公祏城

在县东七里，《舆地志》云："齐文惠太子◎注：萧长懋（458～493），字云乔，小名白泽，南兰陵（今江苏常州）人，齐武帝萧赜（440～493）长子。刘宋时，起家秘书郎，历任扬州主簿、左中郎将、宁蛮校尉、雍州刺史等。南齐建立（479）后，册封南郡王，进号征虏将军，迁侍中，以中军将军镇守石头城。齐武帝即位，授南徐州刺史，册立为皇太子。善立名尚，礼接文士，审理冤狱，颇得人心。永明十一年（493），病卒，时年三十六岁，谥号：文惠太子。其子萧昭业（473～494）即位后，追尊为文皇帝，庙号：世宗。之第也。"唐武德七年（624）辅公祏辅公祏，生平见《升州》条目下注释筑以为城。赵郡王孝恭赵郡王李璱，生平见《石头城》条目下注释平之，其城遂废。◎引：《景定建康志》卷二十二："古博望苑，在城东七里，齐文惠太子所立，辅公祏城也。沈约〔沈约，生平见《玄武湖》条目下注释〕《郊居赋》云：'睇东嶽以流目，心凄怆而不怡。昔皇储之旧苑，实博望之馀基。'谢玄晖〔谢朓，生平见《三山》条目下注释〕《游东田》诗云：'鱼戏新荷动，鸟散馀花落。'即此地也。今城北七里，钟山下。"◎注：辅公祏城，位于南京钟山南麓，原为齐文惠太子之墅园东田小苑，亦名博望苑，后改为道教之崇虚馆。梁时为沈约之东田别墅。陈亡，尽废。唐武德七年（624），辅公祏称帝，即其基筑城。未几，兵败，城毁。其址在今南京市秦淮区月牙湖街道苜蓿园社区。

故越城

在县西南七里。《越绝书》云："东瓯越王◎注：勾践（？～

前 465），春秋时越国国君，前 496～前 465 年在位。周敬王二十六年（前 494），在夫椒（今江苏吴县）被吴王夫差挫败，退保会稽（今浙江绍兴）。入吴乞和。为吴王洗马尝粪，三年后，获释归国。卧薪尝胆，励精图治。十年生聚，十年教训。至周元王四年（473），一举灭吴。旋乘胜渡淮，大会诸侯于中原，称为霸主。周天子使人赐胙，命为伯。周定王三年（前 465），薨。所立也。"即周元王四年（前 473），越相范蠡◎注：范蠡（前 536～前 448），字少伯，楚国宛三户邑（今河南淅川）人。出身贫寒，足智多谋。周敬王十一年（前 511），入越，拜为上大夫。与文种（？～前 472）同辅越王勾践，兴越国，灭吴国，一雪会稽之耻，成就霸业，被封为上将军。周元王四年（前 473），功成身退，泛舟五湖，易名鸱夷子皮，遨游于七十二峰之间。其后，三次经商巨富，三次散尽家财，民咸称之。终定居宋国陶邑（今山东荷泽），自号陶朱公。周贞定王二十一年（前 448），卒，时年八十九岁。所筑。今瓦官寺其址在今南京城南花露岗东南，国门桥其址在今南京中华门外正学路南西北。又，《曹氏记》云："在秣陵西十五里，昔勾践平吴后，遣兵戍之，仍筑此城，去旧建康宫即六朝台城，其址在今南京市玄武区梅园新村街道梅园新村社区和大行宫社区八里。晋初移丹阳郡，自芜湖今安徽芜湖迁城之南。"◎引：《景定建康志》卷二十："古越城，一名范蠡城。案《宫苑记》：'周元王四年（前 473），越相范蠡所筑，在今瓦官寺东南，国门桥西北。'《图经》云：'城周回二里八十步，在秣陵县长干里。'今江宁县尉廨后，遗址犹存，俗呼为：越台。"◎注：古越城，位于今南京中华门外雨花路西侧，城周长二里八十步。始建于周元王四年（公元前 473）。由越国上将军范蠡奉勾践之命建造，故又称范蠡城。历经春秋、战国、两汉、三国、两晋、南朝，一千余年风雨，多为兵家必争之地。隋灭陈，废为市廛。其址在今南京市秦淮区中华门街道西街社区。

古冶城

在今县西五里，本吴铸冶之地，因以为名。晋元帝司马睿，生平见《升州》条目下注释太兴初（318），以王导王导，生平见《升州》条目下注释疾久，方士戴洋◎注：戴洋（约259～340），字国流，吴兴长城（今浙江长兴）人。年十二，遇病几死，五日而苏，谓得天使符箓，能解占候卜数。吴末，为台吏，后托病不仕。入晋后，历任水令使、丞相令使、中典军、督护、下邑长、南中郎将参军等。更以方士称，知名大江南北，推演周易术数，预言时局、事变、寿夭、吉凶，所占皆验者，不可胜记。咸康六年（340），卒，年八十馀。云："君本命在申，申地有冶，金火相铄。"遂使范逊◎注：范逊（生卒不详），字吉茂，广州兴宁（今广东兴宁）人。其生平，史无明考。移冶于石城东，髑髅山其址在今南京清凉山以南之蠡山处，以其地为园，多植林馆。徐广◎注：徐广（352～424），字野民，东莞姑幕（今山东莒县）人。博学多才，诸子百家，阴阳术数，无不精研。历仕东晋、刘宋两朝，仕晋，历任从事西曹、镇北参军、秘书郎、员外散骑郎、祠部郎、散骑常侍、大司龙、秘书监等，封乐成县侯。刘宋鼎革后，官至中散大夫。元嘉二年（425），卒，时年七十四岁。著有《晋纪》四十六卷。《晋纪》："成帝司马衍，生平见《升州》条目下注释适司徒府，游观冶城之园。"即此也。谓之西园。◎引：《景定建康志》卷二十："冶城，金陵有古冶城，本吴冶铸之地。《世说叙录》云：'丹杨冶城，去宫三里，今天庆观（今南京朝天宫）即其地。'"《六朝事迹编类》卷三："冶城，今天庆观，即其地也。本吴冶铸之所，因以为名。"◎注：冶城，一名冶城山，位于今南京市秦淮区朝天宫街道。春秋时期，吴王夫差（约前528～前473）于此设冶城，为鼓铸之所。三国时期，东吴孙权（182～252）设冶官，以理冶城铸冶之务。南朝时期，废冶作园，初名西园，后改作冶城寺，终改为总明观。唐代，改作太清宫、紫极宫，自此为道教所占，历经宋元不改。宋代，名之天庆观、祥符宫。元代，名玄妙观、永寿宫。明代，重建，改名朝天宫，为官宦贵胄习礼之所。清代，复为道教玄观，咸丰中，毁于兵燹。同治四年（1865），重建，改为文庙及江宁府学。民国时期，为首都高等法院。新中国成立后，为南京市博物馆。现存建筑为清代遗存，占地7公顷，气势恢宏。有万仞宫墙、泮池、东西坊门、棂星门、大成门、大成殿、崇圣殿等，殿宇错落，飞阁流丹；廊庑复道，红墙黄瓦，是江南地区建筑等级最高、规模最大、保存最完整的清代文庙建筑群。现为全国重点文物保护单位。其址在今南京市秦淮区朝天宫街道冶山道院社区。

东田

齐文惠太子萧长懋，生平见《辅公祏城》条目下注释立楼馆于钟山下，号曰：东田。太子好与府属游幸东田，反语为“颠童”。谢玄晖谢朓，生平见《三山》条目下注释《游东田诗》云：“（戚戚苦无悰，携手共行乐。寻云陟累榭，随山望菌阁。远树曖阡阡，生烟纷漠漠。）鱼戏新荷动，鸟散馀花落。不对芳春酒，还望青山郭。”即此也。◎引：《南齐书》卷二十一：“（文惠太子）以晋明帝〔司马绍（299～325），字道畿，晋元帝司马睿长子，东晋第二位皇帝，322～325年在位。〕为太子时立西池，乃启世祖即齐武帝〔萧赜，生平见《穿针楼》条目下注释〕引前例，求东田起小苑，上许之。永明（483～493）中，二宫兵力全实，太子使宫中将吏，更番役筑，宫城苑巷，制度之盛，观者倾京师。”《南史》卷五：“先是，文惠太子立楼馆于钟山下，号曰：东田。太子屡游幸之，‘东田’反语为‘颠童’也。”◎注：东田，位于钟山南麓，其概况详情见“辅公祏城”条目下注释。

乌衣巷

晋代王氏居乌衣巷者，位望微减，多居宪台。江左膏粱名士，多不乐为。王僧达◎注：王僧达（423～458），琅邪临沂（今山东临沂）人，东晋丞相王导（276～339）玄孙。少好学，善属文，初为太子舍人。历官太子洗马、宣城太守，宋孝武即位，迁征虏将军。累官护军将军、吴郡太守、中书令、尚书右仆射等，封宁陵县五等侯。大明二年（458），因忤帝意，收付廷尉，于狱赐死，时年三十六岁。为中丞，王球◎注：王球（393～441），字倩玉，琅邪临沂（今山东临沂）人。东晋末，以荫入仕，起家大司马参军。刘宋立国，历官义兴太守、太子右卫率、侍中、徐州大中正、中书令、吏部尚书、太子詹事、尚书仆射等。元嘉十八年（441），卒，时年四十九岁。赠：特进、金紫光禄大夫。谓曰："汝为此官，不复成膏粱矣。"◎引：《舆地志》卷十五："乌衣巷，晋王氏自立为乌衣宅，当时诸谢曰：'乌衣之聚。'皆此巷也。"《南齐书》卷三十三："（王僧虔）入为侍中，迁御史中丞，领骁骑将军。甲族向来多不居宪台，王氏以分枝居乌衣者，位官微减，僧虔为此官，乃曰：'此是乌衣诸郎坐处，我亦可试为耳。'复为侍中，领屯骑校尉。"《景定建康志》卷十六："乌衣巷，在秦淮南。晋南渡，王、谢诸名族居此，时谓其子弟为乌衣诸郎。今城南长干寺北有小巷，曰：乌衣，去朱雀桥不远。考证《丹阳记》曰：'乌衣之起，吴时乌衣营处所也。'《晋纪》：'江左初立，琅邪诸王居乌衣巷。'"◎注：古乌衣巷，位于今南京城南朱雀桥东南之膺福街（现文德桥南之乌衣巷，明清时始附会名之）。三国时期，孙权立乌衣营于其地，因名。东晋以后，王、谢两家族人，多聚居乌衣，为乌衣巷鼎盛时期。南朝以降，逐渐衰败，繁华不再。本条所载王僧达事，应为王僧虔〔王僧虔（426～485），琅邪临沂（今山东临沂）人，东晋丞相王导（276～339）玄孙。喜文史，善音律，工书法。历仕刘宋、萧齐两朝。仕宋，历任秘书郎、太子舍人、中书郎、黄门郎、太子中庶子、侍中、御史中丞、吏部尚书、中书令、左仆射、尚书令等。仕齐，历任侍中、抚军将军、丹阳尹、左光禄大夫、持节、都督湘州诸军事、征南将军、湘州刺史、开府仪同三司。永明三年（485），卒，时年六十岁，追赠：司空；谥曰：简穆。著有《论书》，以及墨迹《王琰帖》。〕所为，僧达乃僧虔堂兄，误载亦可谅也。及至隋唐，夕阳野草，废为丘墟。宋元时期，其地名桐林湾，多为驻军兵寨。明代，人烟渐稠，巷陌纵横，英国公张辅（1375～1449）建宅于此，因名英府街。清代，改名膺福街。现全部拆建为"雅居乐·长乐渡"社区，仍保留膺福街名。其址在今南京市秦淮区夫子庙街道三条营社区。

卞望之墓

卞壶卞壶，生平见《忠孝亭》条目下注释字望之，安帝司马德宗，生平见《东府城》条目下注释义熙九年（413），盗开卞壶墓，剖棺掠之，尸僵，须发苍白，面色如生，两手拳，爪甲出透手背。敕：给钱十万，重修营之。按：冢在今紫极宫今南京朝天宫后，临岭构亭，号曰：忠贞亭。◎引：《景定建康志》卷四十三："卞壶墓，在冶城。考证：晋苏峻之乱，尚书令、右将军卞公壶，力疾率厉散众及左右吏数百攻贼，苦战，死之。二子眕、盱，见父没，相随赴贼，同时见害。并葬冶城。义熙（405～418）间，盗发壶墓，尸僵，鬓发苍白，面如生，两手悉拳，爪甲穿达手背。安帝诏给钱十万，以修茔兆。齐、梁续加修治。"◎注：卞望之墓，位于今南京朝天宫西侧，历经一千七百多年风雨，代有修缮，现墓碣为清代所立，至今仍在。所谓"忠臣孝子，千秋仰止"斯之谓也。"卞壶墓碣"为南京市文物保护单位。其概况详情见《忠孝亭》条目下注释。

蒋庙

按《金陵图》云：“钟山，故金陵山，后汉末，蒋子文蒋歆，字子文，生平见《蒋山》条目下注释为秣陵尉，逐盗钟山北，伤额而死，尝自谓青骨，死当为神。至吴大帝孙权，生平见《升州》条目下注释卜都，子文乘白马，幞头，执白羽扇，见形，语故令史白吴主，为立庙。不尔，当百姓大疫。大帝犹未信，又翌日见于路，曰：当令飞虫入人耳。后如其言。帝诏立庙钟山，封子文为蒋侯，改钟山为蒋山。即此也。”又《梁书》云：“武帝萧衍，生平见《人物》条目下注释时，旱甚，诏于蒋帝神求雨，十旬不降。帝怒，命载荻焚庙并其神影，尔日开朗，将欲起火，当神上忽有云如伞盖，须臾骤雨。台中宫殿，皆自震动。帝惧，驰诏追停。少时还静。自此，帝诚信遂深。自践祚来，未曾到庙，于是备法驾，将朝臣修谒。时魏将杨大眼◎注：杨大眼（？～517），氐族，武都（今甘肃武都）人。骁勇善战，雄猛异常。北魏太和（476～499）年间，初选为军主，旋迁统军。随孝文帝元宏（467～499）南征，屡建功勋，迁辅国将军、游击将军等。景明初（500），攻占寿春（今安徽寿县），以功封安城县开国子，拜直阁将军，迁征虏将军、东荆州刺史。正始三年（506）四月，大败梁军，收复河南城。四年（507）正月，率部围攻梁之钟离（今安徽凤阳），连战不克；三月，被梁军击溃，右臂中箭，烧营败退；八月，免官，谪戍营州（今辽宁朝阳）为兵。永平（508～511）中，复起用，历任中山内史、太尉长史、假平南将军、东征别将等。延昌四年（515）三月，奉诏督诸军镇荆山，后出任荆州刺史。熙平二年（517），卒于任。来寇钟离，今安徽凤阳。蒋帝神报，必许扶助。既而无雨，水暴涨六七尺，遂大克魏军。神之力也。凯旋之后，庙中人马足皆有泥湿，当时并目睹焉。"◎引：《景定建康志》卷四十四："蒋帝庙，在蒋山之西北，去城一十二里。"◎注：蒋庙，亦名蒋帝庙、蒋王庙，位于今南京城北钟山北麓，始建于东吴，历经一千七百年风雨，代有增修，至清末毁于兵燹，废为阡陌，空留地名。其概况详情见《蒋山》《宋蒋陵》条目下注释。其址在今南京市玄武区玄武湖街道蒋王庙社区。

太初宫

方五百丈，本吴长沙桓王孙策孙策，生平见《升州》条目下注释故府也。大帝孙权白京门今江苏镇江迁建业今江苏南京居之。黄龙元年（229），还都建业，因居故府不改。◎引：《三国志》卷四十七："黄龙元年（229）秋九月，权迁都建业，因故府不改馆。赤乌十年（247）二月，权适南宫。三月，改作太初宫，诸将及州郡皆义作。十一年（248）三月，宫成。"《太康三年地记》曰："吴有太初宫，方三百丈，权所起也。"《建康实录》卷二："黄龙元年（229）秋九月，帝孙权迁都于建业。冬十月，至自武昌，城建业太初宫居之。宫即长沙桓王故府也，因以不改。今在县〔江宁县治，在天庆观即今朝天宫以东，其址在今南京市秦淮区朝天宫街道冶山道院社区王府大街与丰富路之间〕东北三里，晋建康宫城〔台城，其址在今南京市玄武区梅园新村街道梅园新村社区和大行宫社区〕西南，今运渎〔运渎北段，其址在今南京市玄武区新街口街道成贤街社区进香河路迤南入北门桥社区〕东曲折内池，即太初宫西门外。赤乌十年（247）春，适南宫，改为太初宫，诏移武昌材瓦。有司奏武昌宫作已二十八年，恐不堪用，请别更置。帝曰：'大禹以卑宫为美，今军事未已，所在多赋，妨损农业。且建康宫乃朕从京来作府舍耳，材柱率细，年月久远，尝恐朽坏。今武昌材木自在，且用缮之。'十一年（248）三月，太初宫成，周回五百丈，正殿曰：神龙。南面开五门，正中曰：公车门；东门曰：升贤门、左掖门；西曰：明扬门、右掖门；正东曰：苍龙门；正西曰：白虎门；正北曰：玄武门。起临海等殿。"◎注：太初宫，原为汉末讨逆将军孙策（175～200）之府第，黄龙元年（229），孙权迁都建业居之。赤乌十年（247），改建为太初宫，次年（248）三月，建成，城周五百丈，一说三百丈。位于运渎北段之东，其址在今南京市玄武区新街口街道香铺营社区。

郭文举台

在冶城内，晋太尉王茂弘王导，生平见《升州》条目下注释所筑，文举◎注：郭文（生卒不详），字文举，河内轵（今河南济源）人。少爱山水，年十三，每游山林，弥旬忘返。父母终，服毕，不娶。辞家出游，历华阴之崖，以观石室之石函。永嘉五年（311），洛阳陷，步担南渡，入吴兴余杭（今浙江杭州余杭区）大辟山穷谷隐居。尝有猛虎向其张口，文举视之，见有骨横于虎口，乃以手探去。明旦，虎致一鹿于其室前。东晋太兴初（318），丞相王导（276～339）闻其名，迎之建康，置之冶城西园。太子中庶子温峤（288～329）尝问虎口探骨事，文举答曰：人无害虎之心，虎亦不害人矣。永昌元年（322），大疫，病殆，王导遗药，文曰：命在天，不在药也。居导西园七年，未曾出入，太宁三年（325），逃归临安（今浙江杭州临安区），结庐山中。咸和二年（327），苏峻（？～328）反，破余杭，而临安独全，人皆异之，以为知机。后临安令万宠迎置县中，病甚，求还山，宠不听，不食二十馀日。宠问：先生复可得几日？文三举手，果以十五日终。居之。◎引：《景定建康志》卷二十二："郭文举书台，今天庆观太一殿〔今南京朝天宫崇圣殿〕即此台基也。考证《金陵故事》：郭文，字文举，王导筑台于冶城以居之。文举尝手探虎鲠，导问之，文举曰：情由想生，不想即无。人无杀兽之心，兽无害人之意。"◎注：郭文举台，亦称郭文举书台，东晋太兴初（318），丞相王导为安置高士郭文举所辟置，今南京朝天宫崇圣殿是其台基也。其址在今南京市秦淮区朝天宫街道冶山道院社区。

临沧观

在劳山，山上有亭七间，名曰：新亭，吴所筑。宋改为新亭，◎注：应为"中兴亭"。中间名临沧观。晋周顗周顗，生平见《石头城》条目下注释与王导王导，生平见《升州》条目下注释等，当春日登之会宴。顗曰："风景不殊，举目有江山之异。"即此也。谓之：劳劳亭，古送别所。◎引：《景定建康志》卷二十二："（一）临沧观，今城南顾家寨大路东，即其所。考证《舆地志》：丹阳郡秣陵新亭垅上望远楼，又名劳劳亭，宋改为临沧观，行人送别之所。（一）新亭，亦曰：中兴亭，去城西南十五里，近江渚。考证《丹阳记》曰：'京师三亭，吴旧立，先基既坏。隆安（397～401）中，丹阳尹司马恢（之）〔司马恢之（？～402），字季明，河内温县（今河南焦作）人。晋朝宗室，司马懿六弟司马进之后。历任骠骑司马、丹阳尹，元兴元年（402），桓玄（369～404）发动政变，被谪徙广州，途中遇害。义熙元年（405），朝廷追赠：抚军将军。〕徙创今地。'《世说》：'过江诸人，每至暇日，辄相邀出新亭，藉卉饮宴。周侯顗在坐，叹曰：风景不殊，举目有江河之异。'（一）劳劳亭，在城南十五里，古送别之所。考证：吴置亭在劳劳山，今顾家寨大路东即其所。《舆地志》：'新亭垅上有望远亭，宋元嘉（424～453）中，改名临沧观，又改名劳劳亭。'"◎注：临沧观、新亭、中兴亭、劳劳亭，其址一也，位于今南京城西南安德门外石马山即古劳劳山一带。六朝时期，著名的送别之地，其址在今南京市雨花台区板桥新城新林社区新亭大街。

乐游苑

在覆舟山◎注：覆舟山，即今南京城东北隅之九华山，海拔61米。

南，北连山筑台观，苑内起正阳、林光等殿。按《陈书》云："乐游苑，陈宣帝◎注：陈顼（530～582），字绍世，小字师利，南朝陈第四位皇帝。少宽大，多智略。及长，美容仪，有勇力，善骑射。梁承圣（552～554）年间，累官直阁将军、中书侍郎。永定元年（557），陈朝立国，袭封始兴郡王；三年（559），改封安成王。天嘉三年（562），授侍中、中书监、中卫将军，置佐使；四年（563），加开府仪同三司；六年（565），迁司空。天康元年（566），授尚书令，馀并如故。光大元年（567），拜司徒，进号骠骑大将军，录尚书，都督中外诸军事；二年（568），进位太傅，领司徒，加殊礼，剑履上殿。太建元年（569）正月甲午，即皇帝位于台城太极前殿。在位期间，加强国防，兴修水利，开垦荒地，鼓励农桑，社会安定。太建十四年（582）春正月甲寅，崩于台城宣福殿，时年五十三岁。谥号：孝宣皇帝，庙号：高宗。即位，北齐使常侍李（驹）骡◎注：李驹骡（生卒不详），赵郡高邑（今河北高邑）人，梁州刺史李义深（496～552）之子。聪敏有辩才，仕北齐，历官尚书郎、都官都兵郎中、司州邺县令、尚书左丞、右卫大将军、散骑常侍等。北齐武平元年（569），出使陈朝，广受嘉评。武平四年（572），出任寿阳道行台左丞；五年（573），陈朝大将军吴明彻（512～578）率军围寿阳，城破，被俘。北周大定元年（581）初，逃归北地。隋开皇元年（581），授任永安太守，迁绛州长史，卒于任所。来聘，赐宴乐游苑。"尚书令江总江总，生平见《临春阁》条目下注释赠诗云"上林开宴务流连"，即此也。◎引：《景定建康志》卷二十二："古乐游苑，案《寰宇记》：'其地在覆舟山南。'《舆地志》云：'在晋为药圃。'义熙（405～418）中，卢循〔卢循（？～411），字于先，小字元龙，范阳涿郡（今河北涿县）人。东晋隆安三年（399），随其妻舅孙恩（？～402）宣扬五斗米道，在浙东举义起事。元兴元年（402），兵败，孙恩投海死。卢循率馀部泛海至广州，驱走刺史吴隐之（？～414），自摄州事，号平南将军，旋受朝廷招抚为征虏将军、广州刺史、平越中郎将。义熙六年（410），趁刘裕（363～422）北伐，建康空虚，与其姊夫徐道覆（？～411）分兵北上，直抵建康。朝廷震动，急召刘裕班师。卢、徐二人，多谋少决，屡贻战机，连连失利，仓皇南逃。义熙七年（411），转战至交州，兵败中箭，投水自尽。〕反，刘裕〔刘裕，生平见《梁山》条目下注释〕筑药园垒以拒循，即此处也。宋元嘉（425～453）中，以其地为北苑，更造楼观于覆舟山后，改曰：乐游苑。十一年（434）三月，禊饮于乐游苑。会者赋诗，颜延之〔颜延之（384～456），字延年，琅邪临沂（今山东临沂）人。少孤贫，好读书，无所不览。好饮酒，不护细行，年三十犹未婚。仕刘宋，起家中行军参军，历任太子舍人、始安太守、中书侍郎、永嘉太守、御史中丞、国子祭酒、司徒左长史、秘书监、光禄勋、太常、金紫光禄大夫等。文章冠绝当世，与谢灵运（385～433）俱以辞采齐名，时称颜、谢焉。孝建三年（456），卒，年七十三岁。赠：特进；谥：宪子。〕为序。孝武大明（457～464）中，造正阳、林光殿于内。侯景之乱（548～552），焚毁略尽。"《六朝事迹编类》卷四："乐游苑，《舆地志》云：'在晋为药园。'宋元嘉（425～453）中，以其地为北苑，更造楼观，后改为乐游苑。宋孝武大明（457～464）中，造正阳、林光殿于内。梁侯景之乱（548～552），焚毁略尽。陈天嘉六年（565），更加修葺，陈亡遂废。"《舌华录》谐语第七（56）："陈使聘齐，见朝廷有赤鬒者，顾谓散骑常侍李驹騄曰：'赤也何如？'驹騄曰：'束带立于朝，可使与宾客言者。'"◎注：乐游苑，位于今南京城东北隅之九华山南侧。其范围：东至今太平门，西至今鸡鸣寺路，南至今北京东路，北至明城墙，占地面积约0.4平方公里。东吴时，名乐游池；东晋时，为皇家药圃。刘宋时，初筑药园垒，后以其地为北苑，辟建为皇家园林，更造楼观亭榭，改名乐游苑。梁末侯景之乱，焚毁殆尽。陈天嘉六年（565），重新修建，隋开皇九年（589），陈亡，遂废。明清时期，覆舟山麓建有小九华寺，遂易名九华山至今。1944 年，山巅建三藏塔，5 级 4 面，中贮玄奘法师顶骨舍利。2003 年，复建小九华寺，改名玄奘寺。山上林木葱郁，绿荫垂地，"九华丹青"名列新金陵四十景之一。其址在今南京市玄武区玄武门街道公教一村社区。

桂林苑

吴立，在县北四十里，落星山今名何家山，位于南京市栖霞区栖霞街道滨江社区。山多怪石，俗称：马面头之阳。《吴都赋》云"数军实于桂林之苑"，即此也。◎引：《景定建康志》卷二十二："古桂林苑，陶季直〔陶季直（437～511），丹阳秣陵（今江苏南京）人。早慧好学，淡于荣利，征召不起，时人号曰聘君。历经宋、齐、梁三朝，为官有操守，从比部郎、主簿，直至尚书左丞、黄门侍郎，不趋炎附势，不谋求财利，廉声誉于当时。梁天监初（502），拜太中大夫，未几，以疾辞职还乡里。十年（511），卒于家，时年七十五岁。有《京都记》传世。〕《京都记》曰：'建康县北，汉朝为桂林苑。'《南朝宫苑记》曰：'桂林苑，在落星山之阳。'《吴都赋》云：'数军实于桂林之苑。'即此也。属上元县慈仁乡。"◎注：桂林苑，位于今南京栖霞山以西之何家山南侧，东吴时立，为驻军之所。南朝时，北人南迁，其地为侨置之区，苑圃遂废。其址应在今南京市栖霞区栖霞街道滨江社区以南甘家巷一带。

芳林苑

一名桃花苑，本齐高帝萧道成，生平见《人物》条目下注释旧宅，在废东府城其址在今南京通济门一带，概况详情见《东府城》条目下注释东边，秦淮大路其址在今南京秦淮区大光路一线北。齐王融◎注：王融（467～493），字元长，琅邪临沂（今山东临沂）人，东晋丞相王导六世孙。少而警惠，博涉古籍，诗文出众。举秀才，以法曹参军起家，迁太子舍人。历官秘书丞、丹阳丞、中书郎。永明五年（487），侍游芳林苑，奉诏作《曲水诗序》，文藻富丽，当世称之。十一年（493），迁宁朔将军、军主，时齐武帝疾笃，王融欲矫诏拥立萧子良，事败，下狱，赐死，时年二十七岁。有《王宁朔集》行于世。作《曲水诗序》云："载怀平浦，乃眷芳林"，即此也。◎引：《景定建康志》卷二十二："古芳林苑，案《寰宇记》：'一名桃花园，本齐高帝旧宅。'在古湘宫寺〔其址在今南京四象桥东北邀贵井一带〕前巷，近青溪中桥〔今名四象桥〕。帝即位，修旧宅为青溪宫，一名芳林园，后改为芳林苑。永明五年（487），禊饮于芳林，王融《曲水诗序》云：'载怀平浦，乃眷芳林。'盖谓此也。梁天监初（502），赐南平元襄王〔萧伟（476～533），字文达，梁武帝萧衍八弟。清警好学，笃诚通恕。齐世，起家法曹参军，迁骠骑，转外兵，任冠军将军，行雍州府事。梁朝建立后，历官使持节、宁蛮校尉、雍州刺史、侍中、镇北将军、散骑常侍、抚军将军、丹阳尹、扬州刺史、镇南将军、江州刺史、左光禄大夫、太子太傅、中书令、大司马等。初封建安郡王，改封南平郡王。中大通五年（533），薨，时年五十八岁，赠：太宰；谥：元襄。世称南平元襄王。〕为第，益加穿凿。萧范〔萧范（498～549），字世仪，梁武帝萧衍九弟之子。温和有器识，以筹略自命。起家太子洗马、秘书郎，历官黄门郎、卫尉卿、益州刺史、领军将军、侍中、使持节、镇北将军、中书令、征北大将军、南豫州刺史、合州刺史，开府仪同三司。太清三年（549），发背疽，薨，时年五十二岁。〕为记，言：'藩邸之盛，莫过于此。'"◎注：芳林苑，又名桃花苑、芳林园，位于今南京秦淮区龙蟠中路与常府街、公园路十字路口东南。原为齐高帝萧道成旧宅。南齐建立后，修为青溪宫，旋改名芳林苑。梁朝，改作南平元襄王萧伟之府第。陈亡，遂废。然年年桃花灼灼，直至清末民初，尚未消歇殆尽，

（清）陈作霖《炳烛里谈》卷下："故桃园，大中桥东北岸，旧有桃林数里，花开如锦。"市民春日寻芳游冶，多就近择其地观赏天天桃花。民国时期，辟为公共体育场，桃花无存。现为南京体育运动学校操场。其址在今南京市秦淮区大光路街道尚书巷社区。

溧水縣圖

溧水县图(录自《景定建康志》)

溧水县

　　东南一百二十里，旧二十二乡，今一十九乡，本汉溧阳县之地。隋平陈置，属蒋州。大业三年（607），属丹阳郡。唐武德九年（626），移扬州于江都，以县属宣州。◎引：《景定建康志》卷十五："溧水，次畿县。隋开皇（581～600）中，析溧阳、丹杨置，属蒋州。大业初（605），属丹阳郡，唐上县。武德三年（620），属扬州；九年（626），属宣州。乾元元年（758），属升州。上元二年（761），升州废，属宣州。光启三年（887），复置升州，县属焉。国朝因之，县治在府东南一百二十里。"◎注：溧水县（治），位于今南京城东南六十公里处之在城镇。历史悠久，胜迹渊薮。始建于周景王四年（前541），初名濑渚邑，春秋战国时期，其隶多变，或吴、或楚、或越，邑治屡迁，其名数易，不一而足。隋开皇十一年（591），析溧阳、丹阳，置溧水县，属蒋州（今南京市），是为溧水县名之始。唐武德三年（620），划溧水东部为溧阳，两县自此永分。两宋时期，因之不改。元代，升为溧水州。明洪武二年（1369），仍改为县。弘治四年

（1491），析溧水西南境置高淳县。此后，其隶属一直相对稳定，明属应天府、清属江宁府，民国初期属金陵道，后属第一行政区。抗日战争时期，县境内先后建立有溧高、江句溧、横山等抗日民主政权。1949 年 4 月 25 日，溧水解放，划归苏南行政公署管辖。1953 年 1 月，改属镇江专区。1983 年 3 月，划回南京市。2013 年 2 月，撤销溧水县，设立南京市溧水区，结束 1422 年的县制历史。现溧水区域面积 983.45 平方公里，辖五个街道（永阳、东屏、柘塘、洪蓝、石湫），三个镇（白马、和凤、晶桥），共 70 个社区、39 个村委会。区政府办公驻永阳街道，即溧水区大东门街 68 号。

中山

又名独山，在县东南十里，不与群山连接。古（故）老相传：中山有白兔，世称为笔最精。山前有水源，号为独水。按《舆地志》云："宣州溧水县有独山，下有独水，流演不息。"即此山也。◎引：《景定建康志》卷十七："中山，在溧水县东南一十五里，高一十丈，周回五里。《图经》云：'宣州中山，又名浊山，溧水县东一十里，不与群山连接。古老相传：中有白兔，世称为笔最精。'《元和郡国志》云：'中山出兔，毫为笔精妙。山前有水源，号曰：浊水。'《舆地志》云：'宣州溧水县有浊山，有浊水流演不息。'即此也。"◎注：中山，又名独山、浊山，位于溧水在城镇东南 5 公里，海拔 60 米。山畔有中山湖，风景优美，有地铁通达。其址在今南京市溧水区永阳街道中山社区。

庐山

在县东二十里。山谦之山谦之，生平见《方山》条目下注释《丹阳记》云："溧阳县西八十里，有庐山，与丹阳分岭，俗传：严子陵◎注：严光（前 38～41），字子陵，一名遵，会稽余姚（今浙江余姚）人。少有高名，与光武帝刘秀（前6～57）同游学。及光武即位，乃变姓名，隐身不见。后被召至洛阳，授谏议大夫，不就。建武元年（25），遁迹江湖，初隐溧水东庐山，后归富春（今浙江富阳），以耕钓自给。建武十七年（41），复特征，仍不至。年八十，终于家。帝伤惜之，诏下郡县，赐钱百万、谷千斛。结庐于此。或云：山形似庐舍，因以为名。"有水源三派，并入秦淮，合大江。◎引：《景定建康志》卷十七："东庐山，在溧水县东南一十五里，高六十八丈，周回二十里。有水源三：一源自山西，流入秦淮；一源出山东北，流入马沉港；一源自山东南吴漕，流入丹杨湖。山谦之《丹杨记》云：'县东有庐山，与丹杨分界。'《十道四蕃志》《太平寰宇记》皆云：'俗传严子陵结庐于此，或云形似庐舍，因此为名。'"◎注：庐山，宋代易名东庐山至今，位于溧水区在城镇东南10公里处，面积12平方公里，南北走向，逶迤连绵。最高峰海拔291米，峰奇岭秀，林木苍翠。山之水源丰沛，四周河湖环绕。山北之水，归济秦淮，为秦淮河主要的南源；山南之水，经新桥河，汇入浩淼的石臼湖。"东庐叠巘"为清代溧水"中山八景"之一。其址在今南京市溧水区永阳街道东庐社区。

匦船山

一名感泉山，在县南一十二里。山有青丝洞，泉脉泓澄，四时不绝。◎引：《景定建康志》卷十七："匦船山，一名感泉山，在溧水县南一十二里，高二十一丈，周回一十八里。山阴有青丝洞，泉脉泓澄，四时不竭。南有张、沈二士书堂、井臼遗址，不知是何人也。"◎注：匦船山，一名感泉山，位于今南京溧水区在城以南6公里，洪蓝埠三里亭以东。山北之青丝洞早已干涸不存，山南麓原有明齐泰（1357～1402）墓，亦荡然无痕。其址在今南京市溧水区洪蓝街道庙塘铺社区。

丹阳湖

在县西南，一半与当涂县丹阳湖相并。◎引：《六朝事迹编类》卷五："丹阳湖，《图经》云：'在溧水西八十里，周回一百九十五里，与太平州当涂县分界。'"《至正金陵新志》卷五："丹阳湖，在溧水州西七十里，周回一百九十五里，深三丈，湖中流与太平路当涂县分界。"◎注：丹阳湖，原为上古江南"巨浸"，丹阳大泽。历经岁月侵袭，不断涨淤隔断，至两汉时期，逐渐分成丹阳、固城、石臼、南漪诸湖。其中，水面约 3000 平方公里的丹阳湖，由当涂、宣城、溧水三县共有，在溧水县西南八十里。明弘治四年（1491），溧水西南部分划出置高淳县，丹阳湖改属当涂、宣城、高淳三县，在高淳县西三十里。此后，数百年间，三县不断围垦造田，湖面日渐缩减。1949 年，尚存 161 平方公里湖面；1970 年以后，丹阳湖名存实亡，全部化身成圩，仅剩一条运粮河汊而已。其属江苏辖境部分，为今南京市高淳区阳江镇街道胜利圩。

石臼湖

在县西南三十里，西连丹阳湖，岸广一百六十馀里。北枕横山，南（东）连临凛、西丘、黄三山，又有军山、塔子、马头、雀垒四山，并在湖中。◎引：《景定建康志》卷十八："石臼湖，在溧水县西南四十里，纵五十里，衡四十里，西连丹阳湖。湖中有军山、塔子、马头、雀垒四山。"◎注：石臼湖，位于溧水县西南 20 公里，因湖形似臼而命名。湖面 207.65 平方公里，是江苏省南京市溧水区、高淳区与安徽省马鞍山市博望区、当涂县两省四区县之间的界湖。其中，溧水区境内湖岸长 27.7 公里。湖周环山，湖中有岛，山水相依，景色秀美。湖中水产，丰盛称冠，有青、草、鲢、鳙、鳊、鲫、鳜、鲤等鱼类，以及螃蟹、银鱼、草虾、菱藕等，有"日出斗金，日落斗银"的美誉。"石臼渔歌"是著名的"中山八景"之一。值得一提的是：2017 年，南京至高淳的地铁宁高轻轨 S9 号线正式通车，途中跨越石臼湖大桥，全长 12.682 公里，长桥飞渡，湖光山色，极目南天，美不胜收。其溧水辖境，在今南京市溧水区石湫与和凤两街道。

古固城

按《滕公庙记》云："其城是吴濑渚县地，楚灵王◎注：楚灵王（？～前 529），芈姓，熊氏，初名围，周景王四年（前 541），杀侄夺权，改名虔。翌年（前 540），自立为楚国国君，穷奢极欲，昏暴残忍，终致众叛亲离，周景王十六年（前 529），走投无路，自缢而亡。史称楚灵王。与吴战，遂陷此城。吴移濑渚于溧阳十里，改陵平县。灵王崩，平王◎注：楚平王（？～前 516），芈姓，熊氏，名弃疾，周景王十六年（前 529），诈弑两王子（子比、子皙）而自立，改名居。生性狡黠，任用奸佞，荒淫无耻，滥杀忠良，终使国力日下，周敬王四年（前 516），郁郁而终。史称楚平王。立，使苏遄◎注：苏遄（生卒不详），楚平王佞臣，官至上将军。为将，战于吴。吴军败，收吴陵平县，改为平陵县。自平王听费无极◎注：费无极（？～前 515），亦名无忌，吴郡吴兴（今浙江湖州）人。生性谄媚，两面三刀，以助楚平王诓夺太子建（？～前 522）妃获宠。嫉贤妒能，迫害太子建师伍奢（？～522），导致吴楚之间战争不断，生灵涂炭。周敬王五年（前 515），楚昭王（前 523～前 489）即位后，下令诛灭其全族。佞言，伍员◎注：伍员（前 559～前 484），字子胥，楚国黄歇（今湖北监利）人。周景王二十三年（前 522），其父伍奢（？～前 522）直谏犯颜，遭费无极（？～前 515）谗害，与长子伍尚（？～前 522）一同被楚平王杀害。伍子胥单身东逃至吴，辅佐吴王阖闾整军经武，周敬王十四年（前 506），一举攻灭楚国郢都（今湖北江陵），掘楚平王墓，鞭尸三百，以报父兄之仇。吴国因此日益强大，称霸诸侯之心渐生。周敬王二十五年（前

495)，夫差（前528～前473）即位，打败越王勾践之后，急图中原。子胥屡次忠言直谏，吴王不听，偏信伯嚭（？～前473）谗言，周敬王三十六年（前484），吴王夫差赐剑子胥，令其自刎而亡。奔吴，阖闾◎注：阖闾（前537～前496），一作阖庐，姬姓，名光，又称公子光。周敬王五年（前515），夺取王位，以伍子胥（前559～前484）为相、孙武（前545～前470）为将，共谋国事，加强武备。周敬王十四年（前506），大举攻楚，五战破郢都（今湖北江陵）。周敬王二十四年（前496），与越国交战于檇李（今浙江嘉兴），大败，重伤，不治而亡。用为将军，举军破楚，楚奔南海。固城宫殿逾月烟焰不息，其城从兹废矣。"城广二千七百五十步。◎引：《六朝事迹编类》卷三："吴固城，《图经》云：'在溧水县西南九十里，高一丈五尺，罗城周回七里二百三十步，子城一里一百九十步。'《胜公庙记》：'吴时濑渚县也。楚灵王与吴战，吴兵不利，遂陷此城。吴乃移濑渚于溧阳南十里，改为陵平县。灵王崩，平王立，使苏迤为将，战于吴。吴军败，收吴陵平县，改为平陵县。自平王听费无忌佞言，伍员奔吴，阖闾用为将，举兵破楚，奔南海。固城宫殿逾月烟焰不灭，其城遂废。'"《景定建康志》卷二十："古固城，春秋时吴所筑也，在今溧阳县之西，溧水县界，周回七里余，其故址尚存，亦名平陵城。"◎注：古固城，春秋时吴国所筑，亦称子罗城、楚王城，位于今南京高淳固城湖东岸，是南京现有保存最完整的上古城池遗址。古固城高一丈五尺，内外两重，外为罗城，周长七里二百三十步，现存遗址周长3915米，残高4～6米，城垣四方豁口应为城门所在；内为子城，周长一里一百九十步，现存遗址634米。固城遗址出土的春秋时期文物有：郢爰（现藏南京博物院）、云纹矛、编钟、铜剑、铜斧（现藏镇江博物馆）等，精美珍贵，堪称国宝。2013年，固城遗址被列为全国重点文物保护单位。其址在今南京市高淳区固城街道固城社区。

古开化城

去县九十里，在固城东，即溧水旧县。◎引：《景定建康志》卷二十："开化城，在县南九十里，环地三里六十步，高五尺。"《至正金陵新志》卷十二："开化城，在溧水州南九十里，环地三里六十步，高五尺。有庙未详。"◎注：开化城，又称南城、牛城，位于今南京高淳区东部。始建于隋代，开皇十一年（591），分割溧阳为溧水、溧阳两县，溧水县治即在位于固城之东的开化城。唐武德三年（620），溧水县治迁至在城镇，开化城改称南城。相传：宋将牛皋在与金人鏖战间隙，曾驻军该城，故又有牛城之称。遗址城垣为土筑，周长约500米，残高4～6米，底宽约20米，面宽8米左右。四方辟有城门，城外有濠，宽约15米，深1.5米左右。城东侧有土墩了望台，直径20米，高6米。2002年，南城遗址被列为江苏省文物保护单位。其址在今南京市高淳区桠溪街道顾陇社区。

楚平王楚平王，生平见《古固城》条目下注释**祠**

即《吴越春秋》谓"平王都于固城"是也，因有祠焉。◎引：《六朝事迹编类》卷十二："楚平王庙，《吴越春秋》云：'楚平王都于固城。'庙今在溧水县南九十。昔周成王（？～前1021）封熊绎（？～前1006）子男之田于荆蛮之地。至庄王（？～前682）赐姓为芈，楚姓，熊氏。至灵王（？～前529）立，与敌日寻干戈，边鄙不宁。时吴军失利，乃陷濑渚。至平王（？～前516）用佞臣之言，杀太傅伍奢（？～前522）并其子尚（？～前522），子胥（前559～前484）奔吴，吴用之破楚而入郢。此庙即平王宫殿之旧址也。唐广明元年（880）重修。"◎注：楚平王祠，亦名楚平王庙、楚王庙，位于高淳固城镇北之楚王山，周敬王十四年（前506），吴国大将伍子胥伐楚，攻克固城，焚烧楚平王行宫，大火逾月不息，宫殿遂废。固城则为吴、越、楚三国交相占据，至汉方歇。城周之民多为楚人后裔，怀旧乡愁，淳朴自然，故于固城行宫遗址建楚平王祠（庙），明为祭祀楚平王芈熊居，实则寄托乡思也。唐广明元年（880）重修，宋绍圣元年（1094），时任溧水知县的周邦彦（1057～1121）有《楚平王庙》诗，曰："奸臣乱国纪，伍奢思结缨。杀贤恐遗种，巢卵同时倾。健雏脱身去，口血流吴庭。达士见几微，楚郊忧苦兵。十年军如郯，势如波卷萍。贤亡国婴难，王死尸受刑。将隳七世庙，先坏百里城。子胥虽捐江，素车驾长鲸。惊涛寄怒馀，遗庙罗千楹。王祠何其微，破屋风冷冷。蛰虫陷香案，饥鼠悬灯檠。淫俗敬魑魅，何人顾成灵。臣冤不雠主，况乃锄丘茔。报应苦不直，吾将问冥冥。"破败凄凉，狸鼪窝窟。明清以降，佛道盛行，淫祠荒庙，无人问津。及至民国，拆毁无存。近年以来，乡人集资复建楚王庙，可为一噱。其址在今南京市高淳区固城街道固城社区。

左伯桃墓

在县南仪凤乡，昔与羊角哀◎注：左伯桃、羊角哀，均为战国时期，燕地（今河北山西以北一带）人。相传：二人情同手足，闻楚国招贤，议决同往。一路餐风露宿，行至梁山（今南京溧水区东屏街道群力社区梁山，一说南京高淳区游子山曾名梁山），大雪漫天，粮少衣单，伯桃乃并粮舍衣与羊角哀，令往事楚，自饿死于空树洞中。哀至楚，为上大夫，乃告楚王，备礼葬于此。后角哀常梦伯桃阴间受困，乃开棺自刎而死，就葬伯桃墓中。舍命全交，义薄云天。千古佳话，留传至今。友善，葬于此。大历六年（771），颜真卿◎注：颜真卿（709～784），字清臣，号应方，生于京兆万年（今陕西西安），祖籍琅邪临沂（今山东临沂），客籍丹阳句曲（今江苏句容）。开元二十二年（734）中进士甲科，授校书郎。历任监察御史、殿中侍御史、平原太守、湖州太守、升州刺史兼浙西节度使、刑部尚书、吏部尚书、太子太师，封鲁郡公。兴元元年（784），被叛军缢杀，时年七十六岁。追赠：司徒；谥曰：文忠。归葬句容来苏乡虎耳山。善书法，正书端庄雄伟，行书遒劲郁勃，世称"颜体"。后人辑有《颜鲁公文集》传世。**经此，题诗于蒲塘**今南京市溧水区洪蓝街道蒲塘社区**客馆**。◎引：《景定建康志》卷四十三："左伯桃墓、羊角哀墓，并在溧水县南四十五里、仪凤乡孔镇南大驿路西。考证《烈士传》云：左伯桃、羊角哀，燕人也。二人为友，闻楚王待士，乃同入楚。至梁山，值雨雪粮少。伯桃乃并粮与哀，令往事楚，自饿死于空树中。哀至楚，为上大夫。乃告楚王，备礼葬于此。一夕，哀梦伯桃告之曰：'幸感子葬我，奈何与荆将军墓相邻，每与吾战，为之困迫。今年九月十五日，将大战，以决胜负。幸假我兵马，叫噪冢上以相助。'哀觉而悲之，如期而往，叹曰：'今在冢上，安知我友之胜负？'乃开棺自刎而死，就葬伯桃墓中。刘孝标《广绝交》云'续羊、左之烈'，正谓是也。唐大历六年（771），颜真卿过墓下，作诗吊之。"《至正金陵新志》卷十二："左伯桃墓、羊角哀墓，并在溧水州南四十五里，仪凤乡孔镇南大驿路西。"◎注：左伯桃、羊角哀墓，国内有三：一在山东郓城，一在湖北荆门，一在南京高淳（其址原属溧水）。其中，南京高淳之左、羊墓记载最为久远有绪，自西汉宗室刘向（前77～前6）《烈士传》记载后，南朝大儒刘孝标（463～521）、唐朝升州刺史颜真卿（709～784）、北宋苏州通判胡宗愈（1029～1094）、北宋杭州知府蒋之奇（1031～1104）、北宋溧水知县周邦彦（1057～1121）、南宋溧水知县史弥巩（1170～1249）、明代小说家冯梦龙（1574～1646）、清初名士吴敬梓（1701～1754）等，都曾拜谒凭吊过溧水左伯桃、羊角哀墓，均著有专门诗文，讴歌左、羊二人之忠义气概，肝胆相照，万古长存。其址在今南京市高淳区漆桥街道中心村社区后皋村。

溧水县

溧阳县图

東

北

南

西

大巫山　小巫山

永成乡

金鸡山

定乡

黄山

永丰乡

崇教乡

承颖乡

明义乡

崇贤乡

大安乡

荆山

溧阳县
金渊驿
太平仓

溧阳县图（录自《景定建康志》）

溧阳县

东南二百四十里，旧三十乡，今一十七乡，本汉旧县，属丹阳郡，在溧水之阳。《纪》云："楚汉之际，江淮间为东阳郡，而溧阳属焉。后又属江都国。唐武德九年（626），移扬州于江都，改属宣州。自乾元元年（758），又隶升州。宝应元年（762），又属宣州。天祐二年（905），隶润州。"其县元在溧水县东南九十里，天复四年（904）移此，即今理。

◎引：《景定建康志》卷十五："溧阳，次畿县，秦置，溧水所出南湖也。汉初（前206），属江都；元封（前110～前105）中，属丹杨郡。前汉封梁敬王子钦（刘钦，？～3），后汉封陶谦（132～194），皆为溧阳侯。吴省为屯田。志云：'封潘璋（？～234）为溧阳侯。'又云：'孙皓封孙蒋（生卒不详）为溧阳侯。'晋太康元年（280），复置，分为永平。隋开皇十八年（598），并入溧水。唐武德三年（620），析江宁、溧水复置，隶扬州；九年（626），隶宣州。乾元元年（758），属升州；明年

（759），属宣州，寻复。上元元年（760），又属宣州，未几，又复。宝应元年（762），属宣州。光启三年（887），复属升州。国朝因之，旧治在溧水县东南九十里。天复三年（903），移治今所，在府东南二百四十里。《通典》：'汉旧县，子胥奔吴乞食之所，即此溧阳也。'《元和郡国志》：'溧水，在溧阳县南六里。'"◎注：溧阳县，即今溧阳市，位于南京东南约110公里处。市府驻溧城镇，其辖境四至：南邻安徽广德、郎溪，北接句容、金坛，南北长59.06公里；东临宜兴，西毗高淳、溧水，东西宽45.14公里，面积1535平方公里。历史悠久，县名屡易。秦始皇二十四年（前223），置溧阳县，属会稽郡。汉初（前206），属江都；元封二年（前109），属丹阳；建安元年（196），改永平县，仍属丹阳。东吴黄武元年（222），析永平之半，置屯田都尉。西晋太康元年（280），改永平为永世县，废屯田都尉复置溧阳县。永兴元年（304），改永世为平陵县，县治在今溧阳南渡镇旧城村。南朝元嘉九年（432），废平陵复永世县，溧阳、永世二县，属丹阳郡。隋开皇十八年（598），废溧、永，划入溧水。唐武德三年（620），析溧水东部，复置溧阳县，属扬州；九年（626），属宣州；上元元年（674），属升州；二年（675），属宣州；光启三年（887），复属升州；天复三年（903），县治迁今溧城镇。宋代因之不改。元代，三改其名，依次为溧州、溧阳府、溧阳路，至正十五年（1355），复为溧阳州。明洪武二年（1369），改州为县，属应天府。清顺治二年（1645），属江宁府；雍正八年（1730），改属镇江府。民国初年（1912），属江苏省行政公署；三年（1914），改属金陵道；二十四年（1935），属第一行政督察区。1949年5月，溧阳县人民政府成立，属苏南行政公署；11月，改属常州专区。1953年，属镇江专区。1958年，复属常州专区。1983年，归属常州市。1990年，撤县设市，溧阳市（县级）由江苏省直辖，计划单列，常州市代管。经过迭次行政机构改革，至2020年，全市现有3个街道（溧城、古县、昆

仓)、9个镇(天目湖、埭头、上黄、戴埠、别桥、竹箦、上兴、南渡、
社渚),含81个社区、291个村委会。市府办公驻溧城街道,即溧阳市
南环路18号。

平陵山

在县北三十五里,昔李闳(闳)◎注:李闳(生卒不详),东
晋司徒郗鉴(269~339)帐下督护参军追韩滉(晃)◎注:韩晃(?~
329),东晋苏、祖之乱,叛首苏峻(?~328)帐下将领,咸和四年
(329)二月,被李闳追斩于平陵山。于山下,斩之。有子胥伍员,
生平见《古固城》条目下注释祠存。◎引:《景定建康志》卷十七:"平
陵山,在溧阳县西北三十里,周回三里,高三丈。《旧经》云:'晋成帝
咸和四年(329),李闳执苏逸(?~329)于此。'◎注:平陵山,位于
溧阳市西北15公里处,现名大金山、小金山。民国十九年(1930),修
筑京(宁)杭公路,就近开采石料,大金山削平无存,现存小金山仅海
拔20米。其址在今江苏省常州市溧阳市南渡镇大溪朱圩村。

三鹤山

在县东南六十里,昔有潘氏兄弟三人,于此山求仙,后
道成,化为三白鹤,于此冲天。◎引:《景定建康志》卷十七:"三
鹤山,一名仙山,在溧阳县东南六十里,高八十丈,周回十五里。昔有
潘氏兄弟得道化鹤。"《六朝事迹编类》卷十二:"潘真君庙,《旧经》
云:'昔潘氏兄弟三人于此山中得道,化白鹤冲天而去。后人思而立庙,
在溧阳县东南六十里,三鹤山下。"◎注:三鹤山,一名仙山,位于溧阳
市东南30公里处,南山景区南侧,天目山馀脉,海拔477米,与安徽广
德毗邻。山势峻峭,楠竹遍山,青葱蓊郁,如诗如画。其址在今江苏省
常州市溧阳市戴埠镇横涧村深溪岕。

丫山

在县东北二十五里,常、润等州分界于此山头。《地理

志》云："昔有囤函母，得道此山，后为名。"◎引：《景定建康志》卷十七："囤山，在溧阳县东北二十五里，洮湖〔洮湖，又名长塘湖，今名长荡湖，跨今溧阳、金坛两地，面积九十平方公里之上〕周回十里，高十一丈。周处〔周处（236～299），字子隐，义兴阳羡（今江苏宜兴）人。仕吴，为东观左丞、无难督；仕晋，历新平太守、广汉太守、楚内史、散骑常侍、御史中丞、建威将军等。元康九年（299），奉命讨伐西羌叛军，阵亡。追赠：平西将军；谥曰：孝。〕《风土记》云：'昔有囤姓姥，于此得道。'案《广韵》：'囤，乌后切，山名，在溧阳。'《集韵》云：'山名，在阳羡。'《寰宇记》云：'常、润等州，分界于此山巅。'"◎注：囤山，位于溧阳东北 13 公里处，山东面与宜兴分界，最高峰白云顶，海拔 158.1 米，山南麓大河直通长荡湖。其址在今江苏省常州市溧阳市别桥镇北山村。

青山

在县南六十里，上有潘真君祠。◎引：《景定建康志》卷十七："青山，在溧阳县南六十里，高十七丈，周回十里。"《至正金陵新志》卷五："青山，在州南六十里，高十七丈，周十里，有潘真君庙。"◎注：青山，位于溧城镇南 30 公里处，南山景区南侧，紧邻三鹤山，山麓原有潘真君庙，乡民祈雨有应，明代以后，废弛无存。山南与安徽广德交界，山峰巍峨，烟云缥缈；翠竹古树，深秀蔚然。其址在今江苏省常州市溧阳市戴埠镇横涧村松岭。

千里湖

产莼，陆机◎注：陆机（261～303），字士衡，吴郡吴县（今江苏苏州）人。少有奇才，文章盖世。倾心儒术，非礼不动。仕吴，为牙门将；吴亡，居家九年。太康十年（289），入洛阳，历官太傅祭酒、太子洗马、著作郎、郎中令、殿中郎、平原内史等。太安二年（303），任后将军、河北大都督，率军讨伐长沙王司马乂（277～304），兵败，遭谗，被诛夷三族，时年四十三岁。云："千里莼羹，未下盐豉。"即此。◎引：《景定建康志》卷十八："千里湖，在溧阳县东南十五里。《晋书·陆机传》云：'千里莼羹未下盐。'《南史·沈文季传》云：'千里莼羹，岂关鲁卫。'皆指此也。"◎注：千里湖，又名千里浛、菁莼湖，位于今溧阳东南7公里处。千里，湖名也；非湖千里也。现湖不存，仅剩茶亭、舍溪等几条河汊。其址在今江苏省常州市溧阳市溧城镇大林村东西皇仓。

溧水

西自溧水县界流入，《吴越春秋》云："伍子胥伍员，生平见《古固城》条目下注释奔吴，至溧阳，女子击缥濑水之上，子胥过而乞一餐，女子发箪饭壶浆而食之。子胥餐而去，谓女子曰：'掩子壶浆，勿令其露。'女子曰：'行矣。'子胥行五步还顾，女已自投濑江而死。子胥伐楚师还，过溧阳濑上，欲报以百金，不知其家，乃投金濑水而去。投金濑，其址在今溧阳市南渡镇大溪朱圩村，古有伍子胥祠。后有妪行哭而来，曰：'吾女三十不嫁，击缥于此，遇穷人饭之，恐事泄，投水而死。'乃取金归之。"今水际有碑，即李白◎注：李白（701～762），字太白，号青莲居士，祖籍陇西成纪（今甘肃天水），生于西域碎叶城（今吉尔吉斯斯坦北部托克马克市），幼年随父迁居绵州昌隆（今四川江油）。二十四岁出蜀，遍游华夏，诗文拔萃，语言生动，豪迈奔放，才气纵横，人称"诗仙"。宝应元年（762），病逝于安徽当涂，时年六十二岁。有《李太白集》。文，李白《溧阳濑水贞义女碑铭》。其铭曰："春风三十，花落无言"云云。◎引：《景定建康志》卷十九："溧水，一名濑水，在溧阳县西北四十里。溧水东流为永阳江，江上有渚，曰：濑渚，即伍子胥乞食投金处，故又曰：投金濑。

自濑渚东流为濑溪，入长塘湖，一派东流为吴王漕。"◎注：溧水，一名濑水、胥溪，春秋时期吴相伍子胥（前559～前484）所开，其水西起高淳固城湖，东流至定埠镇，进入溧阳社渚镇，续向东，过溧阳全境后，再经宜兴境流入太湖。今高淳境内河段名胥河，长30.6公里；溧阳至宜兴入太湖河段名溧宜河。溧宜河，西接高淳胥河自定埠镇进入溧阳社渚镇之水，向东，沿途纳梅渚河、桠溪河、周城河、上沛河、溧戴河等大小支流，携升平荡、三塔荡、南渡荡之水，与中河、丹金溧漕河相通。流经河口、堑口、南渡、蒋店及溧阳市区，在溧城镇渡济桥入宜兴境。复向东，经西氿、东氿、大埠，最终注入太湖。全长45公里，河宽35～57米，是溧阳市的主要河道。

句容县之图（录自《景定建康志》）

句容县

　　东一百里，旧三十六乡，今一十七乡，本汉县，《地理志》："属丹阳郡，以界内茅山本名句曲山，其形如'句'字，因立县名。"《汉书》云："武帝封长沙定王子党◎注：刘党（？～前128），西汉王室后裔，其父刘发（？～前129），为汉景帝刘启（前188～前141）第六子，封长沙王，谥：定，史称长沙定王。刘党为刘发第四子。汉武帝元光六年（前129）被封为句容侯，都句容。元朔元年（前128），病薨，国除。为句容侯，国除后，为县。"宋又于此立南徐州，后南徐州复移理丹徒。唐武德四年（621），于县置茅州。七年（624），废茅州，以句容属蒋州。九年（626），改属润州。◎引：《景定建康志》卷十五："句容，次畿县，汉置，属丹杨郡。有句曲山，其形如'句'字，因以名县。汉武帝封长沙定王子党为句容侯，国除，复为县。吴赤乌八年（245），使校尉陈勋发屯兵三万，凿句容中道至云阳西城，以通吴会船舰。唐武德二年

（619），于县置茅州；七年（624），州废，属蒋州；九年（626），隶润州。会昌四年（844），升望县。乾元元年（758），属升州。上元二年（761），州废，属润州。光启三年（887），复置升州，县隶焉。国朝因之，县治在府东九十里。"《异苑》卷一："吴孙权赤乌八年（245），遣校尉陈勋漕句容。"◎注：句容市，位于南京以东偏南45公里处，东与镇江、丹徒、金坛毗邻，西与南京、江宁接壤，南与溧阳、溧水交界，北濒长江，与仪征市隔水相望。辖境东西宽45～50公里，南北长75公里，面积1385平方公里。山清水秀，土地肥美；历史悠久，人杰地灵。古为扬州之域，春秋属吴，战国属越，旋属楚。秦属鄣郡，西汉元朔元年（前128），句容侯刘党薨，国除，改置句容县，隶丹杨郡。六朝因之。唐武德三年（620），改句容置茅州；七年（624），废州复县，属蒋州；九年（626），属润州。天宝元年（742），属丹阳郡。乾元元年（758），属升州。上元二年（761），升州废，复归润州。光启三年（887），复置升州，句容重归其辖至唐末。五代以降，历经杨吴、南唐、宋、元、明、清、太平天国、民国等朝代，升州屡易其名，曰：升州、金陵府、江宁府、升州、江宁府、建康府、建康路、集庆路、应天府、南京、江宁府、天京、南京府、金陵道等，句容始终不改其名，一直属焉。民国十六年（1927），废金陵道，改属江苏省政府。民国二十七年（1938），在此建立抗日民主政府，属苏南第五行政区专员公署。1945年，抗战胜利，划归江苏省第一行政督察区。1949年4月23日，句容解放；4月26日，句容县人民政府成立，属镇江专员公署；12月2日，划归南京市。1950年1月，仍归镇江专署。1953年，属镇江专区。1958年，镇江专区改为常州专区，旋复改回镇江专区，句容属之。1983年，地区改市，句容属镇江市。1995年，撤县设市，改为句容市，仍属镇江。后经迭次机构改革，现辖有3个街道（崇明、华阳、黄梅）、3个管委会（句容经济开发区、赤山湖、茅山风景区）、8个镇（下蜀、宝华、边城、白兔、郭庄、后白、天王、茅山），含 46 个社区、161 个村委会。市政府办公驻华阳街道，即句容市人民路 70 号。

华山

《梁书》云："武帝萧衍，生平见《人物》条目下注释舆驾东行，至此山，因问：'华山何如蒋山高？'薛秦答曰：'华山高九里，似与蒋山等，泉水倍多也。'"◎引：《景定建康志》卷十七："华山，在句容县界。案《方舆记》云：梁武帝舆驾东行，至此山，因问：华山何如蒋山？高薛对云：'华山高九里，似与蒋山等，泉水倍多。'"《至正金陵新志》卷五："华山，在（句容）县界。按《方舆地记》云：梁武帝舆驾东行至此山，因问：华山何如蒋山？高薛对曰：'华山高九里，似与蒋等，泉水倍多。'《咸氏志》云：秦淮出此。"乾隆《宝华山志》卷二："宝华山，在江宁府句容县北六十里。山势崛起而中凹，群峰环绕其下，若华之含萼，窝藏寺宇，如莲之有房也。曰：宝华，盖取《般若经》云：'南海北有宝华山，古佛所居。'或曰：缘僧宝志结庵，故曰宝华。又曰：盛夏黄华满山，故称宝华。三说并存，犹待后人证之。"◎注：华山，又名花山、宝华山，以宝华山闻名于世。位于南京栖霞区龙潭街道东南，距南京市区 35 公里，亦即句容市以北 30 公里处，占地面积 25 平方公里，最高峰海拔 437.2 米。群山环抱，峰峦叠翠；嘉树芳华，林繁木茂，是宁镇山脉中唯一堪与钟山媲美的历史名山。每当盛夏，黄花满岭，因名花山。花、华二字，音近义谐，古人通用，故亦名华山。南朝萧梁天监元年（502），金陵圣僧宝志和尚，登山结庵，讲经诵佛。僧添山色，山缘僧名，遂咸谓"宝华山"至今。山顶堂凹处有千年古刹隆昌寺，因始于宝志和尚结庵参修，故初名宝华寺，亦称千华院、千华寺。唐乾符二年（875），敕赐寺名：宝公院。明万历三十三年（1605），皇帝朱翊钧御书"护国圣化隆昌寺"额，始名隆昌寺。清康熙四十二年（1703），皇帝玄烨第四次南巡北返，过宝华山隆昌寺，御书"慧居寺"额，故又有慧居寺之名。然隆昌寺系佛教律宗受戒之崇高场所，蜚声梵界，僧俗认同，遽然更名，谈何容易。佛子受戒隆昌，已成徒众之洁心圣愿，岂容骤易，故隆昌寺名一直沿用不改。1996年4月，宝华山，被批准为国家级森林公园；2003年，被批准为国家4A级风景名胜区。其址在今江苏省镇江市句容市宝华镇宝华村。

茅山

在县南五十里，本句曲山，其山形如句字三曲。晋茅君得道于此山，后人遂名为茅山。其山接句容、金坛、延陵三县界。◎引：《景定建康志》卷十七："茅山，在句容县东南四十五里，周回一百五十里，初名句曲山，像其形也。茅君得道，更名曰：茅山。三十六洞天之数第八者，曰：金坛华阳之天，此山是也。"《茅山记略》："（一）汉元帝时（前48～前33），咸阳人茅盈、茅固、茅衷，并此山得道，故号茅山。三人常乘白鹤，各据一岭。（一）茅濛，字初成，华阳人也。隐华山修道，秦始皇三十一年（前216），白日上升。"《图经》："汉时有三茅君，各乘一白鹤，来居其上，故号为'三茅君'。世传：茅盈、茅固、茅衷，皆茅濛之后也。山，在句容县东南四十五里。华山、华阳县，皆在句容县。"◎注：茅山，亦名句曲山、苗山、华阳山等，位于句容市东南26公里处，南北长10公里，东西宽5公里，最高峰大茅峰海拔372.5米。道教名山，因三茅真君而著名。三茅真君系西汉时期茅盈、茅固、茅衷三兄弟之合称。茅盈，字叔申，咸阳南关（今陕西咸阳）人。少秉异操，饱学不仕。独喜丹药，修身养性。遍游各地洞府，复于恒山悟道，终获真谛。汉元帝永光五年（前39），赴江左句曲山隐居修真。未几，其二弟茅固、三弟茅衷，亦弃官南渡，追寻跟踪至句曲山学道。茅固，字季伟，举孝廉，官至武威太守、执金吾。茅衷，字思和，历官洛阳令、五官大夫、河西太守。兄弟三人各居句曲山三峰之上，潜心修炼。茅盈居大茅峰，茅固居中茅峰，茅衷居小茅峰。三人还穷究医理，采药炼丹，布医施药，振救黎民。三兄弟仙逝后，时人感其恩泽，建祠奉祀，改句曲山名为茅山，延续至今。山上景点众多，有九峰、十九泉、三十六洞天、二十八池等景观。为道教第一福地、第八洞天。两千多年来，兴废无常，屡毁屡建，代有增修。1938年，陈毅、粟裕率领新四军东进，在茅山建立苏南抗日根据地，是当时中国六大山区抗日根据地之一。1979年，国家拨款修复九霄万福宫和元符万宁宫，合并改称茅山道院。1985年，建成茅山新四军纪念馆，占地面积16000平方米，建筑面积3700米，展有各种珍贵文物和历史资料3000多件。1986年，被列为江苏省级森林公园，甲级风景名胜区。1995年9月1日，建成"苏南抗战胜利纪念碑"，纪念碑高36米，宽6米，须弥底座3.13米。正面碑名为张爱萍将军题写，碑阴简述茅山苏南新四军的艰苦卓绝和勋劳业绩，永远彪炳千秋。纪念碑前广场，还立有陈毅、粟裕的全身铜像，威武挺拔，气势勃勃。值得一提的是，在纪念碑前广场放鞭炮，山谷中即应声响起清脆的军号声，当地人说曾经有一位新四军小号兵牺牲在山上，物理学家考察说是声波反射作用，等等，不一而足。无论怎样，"山下燃鞭炮，山上响军号"，确是不争的事实，堪称茅山一奇。2013年10月，被定为国家5A级旅游景区。其址在今江苏省镇江市句容市茅山管委会茅山村。

喜客泉

在茅山。客至，则涌出，故名。◎引：《景定建康志》卷十八："喜客泉，在茅山栖真观南，客至，则涌沸而起。事迹：《句曲三茅山记》：'喜客泉，在大茅北垂，方数尺，客至即沸，故以为名。'"◎注：喜客泉，一名迎客泉，位于茅山大茅峰西北麓、盘山公路右侧。泉周，片石迭砌，直径3米，为茅山十九泉之首。泉有三怪，即：（一）客来泉喜冒的怪，游人泉边击掌，泉水应声频滚，若吐玉喷珠；

升州注

（二）水向高处流的怪，泉东侧下方 8 米处有沟，水不下泄，反流入泉；

（三）泉水油面盖的怪，泉池静时，水面似覆层脂，一旦击掌冒珠，油面随之四散，俟再静时如故。如此奇观，历代文人雅士题咏甚夥，谨录元代吴全节、〔吴全节（1269～1346），字季成，号闲闲、看云道人，饶州（今江西鄱阳）人。十三岁学道龙虎山，至元二十四年（1287）入大都（今北京），拜觐元世祖，深受器重，历任玄教嗣师、大宗师、崇文弘道玄德真人、总摄江淮荆襄道教事、知集贤院道教事等。工草书，有《看云集》。〕明代陈沂〔陈沂（1469～1538），字宗鲁、鲁南，号石亭，鄞县（今浙江鄞县）人，生于南京。正德十二年（1517）丁丑科二甲第 57 名进士，授翰林院编修，进侍讲。历官江西布政司参议、山东布政司左参议、太仆寺卿等。博学多才，诗词书画，无一不精。著有《金陵世纪》《金陵古今图考》等。〕二人诗作四首，以飨读者。吴全节《喜客泉》：“喜游华阳天，山径肩竹舆。首登大茅顶，天市神仙居。回观喜客泉，稽首孙仙姑。方池鉴止水，湛湛涵太虚。仙君驱骊龙，为吐万斛珠。滚滚出石底，拍手相欢呼。有情感无情，此理妙鼓桴。泉喜客亦喜，主人当何如。我愿掬一勺，万物同沾濡。歌诗谢山灵，临风重踌躇。”吴全节《重过喜客泉二首》：“其一：万珠寒涌碧琉璃，山色天光湛一池。客本喜泉泉喜客，阑干倚遍立多时。其二：前度题诗重拂尘，泉迎熟客喜津津。主人不负当年约，为把珠庭总一新。”陈沂《喜客泉》：“池上一鼓掌，池下泉四溃。间喧膺沸起，散乱如珠碎。为问何为然，人云此地肺。消息与人通，气动随謦欬。我来方肺渴，掬取聊一溉。”绘声绘色，其境宛然。景奇诗佳，千古流传。其址在今江苏省镇江市句容市茅山管委会玉晨村。

良常山

在小茅峰之北垂。始皇嬴政，生平见《升州》条目下注释登此，叹曰：“巡狩之乐，莫过于山海。自今以往，良为常也。"因名。◎引:《景定建康志》卷十七:"良常山,秦始皇登句曲山北垂,叹曰:'巡狩之乐,莫过于山海。自今以往,良为常也。'尔乃群臣并称寿,叹曰:'良为常矣。'乃改句容北垂为良常山。"《太平御览》卷六百七十:"良常山,有荧火芝,其实似草,其在地如荧状。大如豆,如紫花,夜视有光。得食之者,心明可夜书;计得食四十七枚者,寿。"◎注:良常山,一名北垂山,位于茅山小茅峰以北,海拔113米。据《茅山志》记载:秦始皇三十一年(前216),东巡会稽经句曲登北垂山,赞叹不已,改名良常山,并埋白璧一双,以盘石覆坎。李斯〔李斯(前284～前208),字通古,汝南上蔡(今河南上蔡)人。早为小吏,师从荀子(荀况,前313～前238),学成入秦。初为郎官,历任长史、客卿、廷尉、丞相等。秦二世二年(前208),被腰斩于咸阳,夷灭三族。善篆能文,有《泰山封山刻石》《琅邪刻石》《谏逐客书》《论督责书》等。〕刻篆于壁,曰:"始皇圣德,平章山河。巡狩苍川,勒铭素壁。"山有草药荧火芝,花紫,实小如芝,夜能发光,故名。食之者眼明,亦茅山一奇也。其址在今江苏省镇江市句容市茅山管委会天乐村。

竹里山

行者以其途倾险,号为翻车岘。鲍照◎注:鲍照(405～466),字明远,东海郡(今山东郯城与江苏涟水之间)人,生于京口(今江苏镇江),久居建康(今江苏南京)。家世寒微,文辞瞻逸。元嘉十二年(435),西游荆州(今湖北荆州),依临川王刘义庆(463～444),授临川王国侍郎。后历任郎中令、秣陵令、太学博士、中书舍人、永安令、前军参军、掌书记、记室参军等。泰始二年(466),在荆州为乱军所杀。擅作古乐府诗,发唱惊挺,精炼奔放;美瑞逍丽,倾人心魂。有《鲍参军集》。有《行翻车岘》诗。◎引:《景定建康志》卷十七:"竹里山,在句容县北六十里。案《方舆记》云:'行者以其途倾险,号曰:翻车岘。鲍照有《行翻车岘》诗。"鲍照《行翻车岘》:"高山绝云霓，深谷断无光。昼夜沦雾雨，冬夏结寒霜。淖坂既马领，碛路又羊肠。畏涂疑旅人，忌辙覆行箱。升岑望原陆，四眺极川梁。游子思故居，离客迟新乡。新知有客慰，追故游子伤。"◎注：竹里山，一名翻车岘，位于句容市北30公里处、宝华山东北下蜀镇境内。山间有长涧，高下深阻，路途倾险，行道维艰，故名。东晋隆安二年（398），青兖刺史王恭（？～398）举兵于京口（今江苏镇江）叛，依仗刘牢之（？～402）为爪牙，使帐下督颜延（？～398）为前锋，进军建康（今江苏南京）。大军行至竹里，刘牢之斩前锋颜延，降司马元显（382～402），还袭恭，恭败被诛。东晋元兴二年（403），桓玄（369～404）反，攻占建康，称帝。三年（404），刘裕（363～422）自京口（今江苏镇江）起义兵勤王讨玄，大军行进至竹里，遇桓玄将吴甫之（？～404）部，两军激战中，刘裕挥刀斩吴甫之于马下。南齐永元二年（500），平西将军、侍中崔慧景（438～500）据广陵（今江苏扬州）反，率众济江集京口（今江苏镇江），京师台省遣骁骑将军张佛护（？～500）等六将，于竹里筑城拒敌，名曰：竹里城。未几，张佛护兵败阵亡，竹里城毁废无存，乡绅建庙祀之。隋唐以降，弛为郊原；明清至民国，人烟渐稠，阡陌纵横，是为竹里乡。1958年，庆祝农村人民公社化，改"竹"为"祝"，成立祝里大队。1985年，改为行政村，属下蜀镇。其址在今江苏省镇江市句容市下蜀镇祝里村。

绛岩山

《图经》云："在绛岩湖侧，山上有龙坑祠，即湖神也。"本名赤山，丹阳之义出于此。天宝初（742），改为绛岩山。◎引：《景定建康志》卷十七："绛岩山，一名赭山，在句容县西南三十里，周回二十四里，高一百六十五丈。上有龙坑祠坛。《地志》云：'汉丹阳县北有赭山，其山丹赤，故因以名郡。'山极险峻，临平湖；山之巅，颇坦夷，惟只路可通。"◎注：绛岩山，又名丹山、赭山、绛岭、赤山等，山形若官帽，呈赭红色，因名。位于句容市西南 14 公里处，海拔 228.9 米，面积 4.2 平方公里。与山东南之赤山湖相呼相应，相依共存。初名丹山，湖曰：丹湖。汉武帝元光六年（前 129），敕封长沙定王四子刘党（？～前 128）为句容侯，因党、丹音近，为避讳，改名赭山，湖曰：赭湖。东晋建武元年（317），改名为赤山，湖曰：赤山湖。唐天宝十三年（754），改名绛岩山，湖亦随改。南宋建炎初（1127），复名赤山，湖名依之。此后，赤山、赤山湖之名，一直未改，沿用至今。古时山上有四大景点，曰：天、地、人、和。天者，山顶之天云寺，释松月大师化缘募建也；地者，山麓之园寂寺，俗称"走马观山门"是也；人者，东麓大茅篷美人地，远观状若美人故也；和者，山腰之般若寺，有石塔七座，历代高僧瘗骨处也。山多胜迹，历史悠久。相传，有：范蠡望越台、楚威王埋金处、秦始皇登山处、孙权点将台、昭明太子读书台、刘伯温讨茶舍等等，惜均不存。山光秀丽，古已驰名。"绛岭樵歌"为古句容"容山八景"之一；"赤山映雪"位列古"金陵八景"之中。明人高谔有《绛岭樵歌》诗，曰："曲城南下有丹山，掩映平湖杳莫攀。地接金陵佳气合，天连茅阜白云闲。丁丁斧振秋林里，款款歌传夕照间。安得焦桐翻一曲，落花流水奏松关。"樵夫行歌，放浪自然。其址在今江苏省镇江市句容市赤山湖管委会赤山村。

花碌山

在县北五十里，有古迹取矾坑存。◎引：《景定建康志》卷十七："花碌山，在句容县北五十里，周回一十七里，高二十八丈，旧有矾坑。"◎注：花碌山，一名平头山、矽锅顶，位于句容市北 25 公里处，即北山水库以南。因山体顶平坡缓，远观形似花碌（花盆），故名。古时有矾石矿坑，今为句容台泥水泥有限公司所有。其址在今江苏省镇江市句容市下蜀镇亭子村与句容经济开发区（黄梅街道）大卓村之间。

江乘城

秦旧县也。◎引:《景定建康志》卷十五:"江乘县,秦置。《方舆志》云:'始皇嬴政,〔生平见《升州》条目下注释〕登会稽,从江乘还,过吴。'汉属丹杨郡,王莽〔王莽(前45~23),字巨君,魏郡元城(今河北大名)人。外戚世家,行为自检,甚得众许。阳朔三年(前22)入仕,为黄门郎,历任射声校尉、骑都尉、光禄大夫、侍中,封新都侯。绥和元年(前8),任大司马;二年(前7),卸任,隐居新都(今河南新野)。元寿二年(前1),复任大司马,录尚书事,兼管军事令及禁军,封安汉公。元始五年(5),拥立两岁刘婴(孺子婴)为皇太子,擅摄朝政。始建国元年(9)十二月癸酉朔,接受孺子婴禅让,称帝,改国号为"新"。地皇四年(23),绿林军攻入长安,于乱军中被杀,首级悬于宛市,军民争食其肉。〕曰相武,后汉复旧。吴省为典农都尉。晋武帝司马炎〔生平见《古丹阳郡城》条目下注释〕复置。咸康七年(341),析南境为临沂,属琅邪郡。陈太建元年(569),属建兴郡。"◎注:江乘县,秦始皇三十七年(前210),东巡会稽,北返经此所置。县治在摄山(今栖霞山)南,县域较广,含今南京栖霞、江宁及句容下蜀、黄梅等地。属会稽郡。西汉时,先后属鄣郡、丹杨郡。王莽新朝,改名相武县。东汉复为江乘县,属丹阳郡。东吴废县,改置典农都尉。西晋太康元年(280),复置县。东晋咸康七年(341),属琅邪郡。南朝太建元年(569),属建兴郡。隋开皇九年(589),灭陈,并入江宁县。其址应在今南京市栖霞区栖霞街道和江宁区汤山街道及句容市下蜀镇和句容经济开发区(黄梅街道)一线。

葛仙公墓

在县西南一里,见有碑碣、松径。《郡国志》云"句曲有葛洪葛洪,生平见《人物》条目下注释。参阅《景定志》,应作葛玄为是冢"是也，盖仙翁葛玄，生平见《葛塘湖》条目下注释之宗族也。◎引：《景定建康志》卷四十三："仙翁葛玄墓，吴太极左仙翁葛玄墓，在句容县西南一里。《郡国志》云：'句曲有葛玄冢。'"《六朝事迹编类》卷十："青元观，《旧经》云'本吴朝葛仙公宅也。'梁天监七年（508）建，有一丹井，在祠宇前。去句容县西南三百馀步。"◎注：葛仙公，即葛玄也。其墓冢位于句容市区西南，即西大街 69 号、市第二招待所院内。葛玄于赤乌七年（244）白日飞升，此墓为后人在其宅院即青元观内所置的衣冠冢。其址在今江苏省镇江市句容市崇明街道中凌社区。

梁南康简王墓

在县西北二十五里，按：王名绩，◎注：萧绩（505～529），字世谨，南朝萧梁宗室，梁武帝萧衍第四子。天监八年（509），封南康郡王，任轻车将军，食邑二千户。十年（511），改任南徐州刺史，进号仁威将军。十六年（517），改任宣毅将军，领石头戍军事。十七年（518），任使持节，都督南兖、北兖、青、徐、冀五州诸军事，南兖州刺史，进号北中郎将。普通四年（523），任侍中、云麾将军，领石头城戍事。五年（524），出为使持节、都督江州诸军事、江州刺史。大通二年（528），复领石头戍军事，进号安右将军。大通三年（529），因感病薨于任上，时年二十五岁，追赠：侍中、中军将军、开府仪同三司，给鼓吹一部。谥号：简王。武帝弟。◎注：此处显误！萧绩，萧衍第四子也。◎引：《景定建康志》卷四十三："南康简王绩墓，在句容县西北二十五里。"◎注：梁南康简王墓，位于句容市西北 12 公里处、即石狮村旁的开阔地上，现存有石兽二，石柱二。石兽，为二辟邪，东西相而立，相距 16.8 米。东辟邪，长 3.85 米，宽 1.5 米，高 3.40 米，体围 4.20 米，颈高 1.40 米；西辟邪，长 3.75 米，高 3.33 米，体围 4.28 米，颈高 1.45 米。体形硕大，气势雄伟。昂首吐舌，双翼跃然。灵动优美，叹为观止。石柱，为二华表，位于二石兽以北21米处，为圆形带宝顶石柱，通高7.8米。柱础高1.3米，上刻二龙衔珠纹；柱身高5.5米，柱围2.81米，柱面刻24道瓜棱纹，线条流畅；柱身之上为柱额，上刻"梁故侍中中军将军开府仪同三司南康简王之神道"21字，分3行，每行7字。笔画清晰，一目了然；柱首连小石兽高1米，为宝顶仰复莲花座形，圣洁典雅，上立一小辟邪，昂首腾越，形态可掬。东华表完好，西华表柱首宝顶已残。1956年，列为江苏省文物保护单位；1996年，列为全国重点文物保护单位。其址在今江苏省镇江市句容市经济开发区（黄梅街道）石狮村。

晋葛平西墓

平西将军葛府君◎注：葛祚（生卒不详），字元先，三国时期，东吴丹阳句容（今江苏句容）人。官至吴国衡阳太守。墓，在今县西七里冈山，碑阙存。◎引：《搜神记》卷十一："吴时，葛祚为衡阳太守。"《弘治句容县志》卷五："葛府君墓，在县治西七里，有碑及石门，今俱废。"◎注：晋葛平西墓，误。平西将军衔任，始于西晋；东吴时，无此衔称。葛祚为东吴衡阳太守，故此处记作晋平西将军，显误。葛祚墓，位于句容市西门外2公里处，即梅家边村西侧石碑冈。原墓甚显，有墓门、神道、碑铭，历经六朝、隋唐、宋元，千年沧桑，风雨浸湮，及至明代，废弛无存。清乾隆五十一年（1786），著名学者常州人孙星衍（1753～1818）在句容发现葛祚墓之残存碑额，拓片印行，是为始者。1965年，再次重新发现葛府君碑额，现藏于南京博物院。碑为圭形，高1.17米，宽0.74米，碑首有穿，碑面刻"吴故衡阳郡太守葛府君之碑"12字，分3行，每行4字，字为正书，结体端整，圆劲厚重，堪称中国书法之"楷书鼻祖"。葛祚墓，其址在今江苏省镇江市句容市经济开发区（黄梅街道）三里井社区梅家边村石碑冈。

晋护军长史许真人墓◎注：许谧（305～376），字思玄，一名

穆，丹阳句容（今江苏句容）人，许迈之五弟。少有名气，儒雅清素，博学有才。起家为太学博士，历任余姚令、尚书郎、散骑常侍、护军长史等。居官内修，心慕道德。终以兄许迈出游不返，辞官。乃宅于茅山玉晨观，参悟真学，遵行上道，得授玉札册为上清真人。太元元年（376），仙化，年七十二岁。

在县西北一里，高四尺。◎引：《至正金陵新志》卷十二："许谧墓，句容县西一里。晋护军长史。"《景定建康志》卷十八："许长史井，在茅山玉晨观内，今有碑碣存。事迹：陶隐居云：'旧在许长史宅，岁久堙没。后得井于观中，其泉色白而甘。'有井铭，乃徐铉〔徐铉（916～991），字鼎臣，祖籍会稽（今浙江绍兴），生于广陵（今江苏扬州）。少能属文，博学多才，历仕杨吴、南唐、北宋三朝。起家杨吴校书郎，南唐时历官率更令、知制诰、翰林学士、吏部尚书等。归宋后，官至散骑常侍，世称徐骑省。淳化二年（991）八月二十六日，病卒，时年七十六岁。工书善诗，有《骑省集》《稽神录》等。〕所作。"◎注：晋护军长史许真人墓，应为许谧衣冠之冢，位于句容市西北一里处，宋元时，尚在。明代以后，史志不载，无人问津，逐渐堙废，以致荡然无存。其址应在今江苏省镇江市句容市华阳街道城上村附近。

华阳洞

去县四十里。◎引：《景定建康志》卷十八："华阳洞，在茅山侧，三茅、二许，俱得道于此洞。其洞门五，三门显，二门隐。事迹：《茅山记》云：'华阳西南有二洞，其西在崇寿观后，其南在元符宫东。'国朝每投金龙玉简于此。《六朝记》云：'十大洞天之第八名，中有金坛，长百丈，复有玉碣，皆载神仙秘事。三茅、二许，俱得道于此，灵异至多，尽见陶贞白《华阳颂》。'《真诰》曰：'金陵句容之句曲洞，为第八洞天。'又曰：'句曲地肺，土良水清，谓之：华阳洞天。可以度世种民，是处五灾不干。'"《至正金陵新志》卷五："华阳洞，在茅山侧。

三茅（茅盈、茅固、茅衷）二许（许谧、许翙〔许翙（341～370），字道翔，许谧少子。〕），俱得道于此洞。其洞门五，三门显，二门隐。《太元内传》曰：'句曲之洞宫有五门，南两便门，东、西便门，北大便门，合五门也。'隐居云：'今山南大洞，即是南面之西便门。东门，似在柏枝垅中。北良常洞，即是北大便门。而东、西并未显。'《定录》：'君受言东便门，在中茅东小阿口。'则西便门，应在今呼作石坟处也。"◎注：华阳洞，位于句容市东南20公里处，即茅山风景区老虎岗西侧山林中。据史乘记载：洞内延绵曲折，长达150里，东西南北有五个洞口，三显二隐。相传：西汉之茅盈、茅固、茅衷，东晋之许谧、许翙，俱得道此洞。南朝齐梁时，山中宰相陶弘景曾隐居洞中著书立说，收徒传道。洞口"华阳洞"三字，遒劲秀挺，传为苏轼题书。清代，康熙皇帝南巡经过句容茅山，御笔亲题"华阳洞天"四大字。洞周石壁上20多方摩崖石刻，斑斓古朴，均为历代文人雅士题刻的诗文。2006年，列为江苏省文物保护单位。其址在今江苏省镇江市句容市茅山管委会老虎岗西侧。

金坛大洞天

在西门太平观东，有唐玄宗◎注：李隆基（685～762），唐睿宗李旦（662～716）第三子，生于洛阳，唐朝第六位皇帝。仪表伟俊，英明果断。多才多艺，知晓音律，擅长书法。永昌元年（689），封临淄王，旋改楚王。景云元年（710），与太平公主（665～713）联手，诛杀韦后（？～710），拥其父李旦复辟为帝，即唐睿宗。先天元年（712），睿宗禅让，即位登基，改元：开元。赐死太平公主。在位前期，拨乱反正，任用贤臣，励精图治，史称：开元盛世。在位后期，宠幸贵妃杨玉环（719～756），怠理朝政，奸臣当道，政治腐败，终致安史之乱。天宝十五年（756），狼狈逃蜀。未几，太子李亨（711～762）即位于灵武（今宁夏灵武），改元：至德。被尊为太上皇。至德三年（758），返回长安。宝应元年（762），病薨，时年七十八岁。庙号：玄宗；谥号：至道大圣大明孝皇帝，世称：唐明皇。**授上清经箓碑一片**。◎引：《六朝事迹编类》卷十："（一）华阳洞，《旧经》云：'即第八金坛大洞天也。'唐改为太平观，在句容县东南四十里，茅山之侧。（一）太平观，《梁书》云：'陶弘景读书万馀卷，善琴棋，为诸王侍读。永明十年（492），脱朝服，挂神武门，上表辞禄。诏许之。于是，止于句容之句曲山，曰：此是第八洞宫，名金坛华阳之天。乃立馆，自号华阳陶隐居。'唐贞观九年（635），为升真先生〔王知远（530～635），字广德，祖籍琅邪临沂（今山东临沂），生于建康江宁（今江苏南京）。少年聪敏，博综群书。初入茅山，师事陶弘景，传其道法。南朝陈宣帝太建（569～582）中，曾入讲台城重阳殿。隋开皇十二年（592），应召出山，旋复还归。大业七年（611），入京师洛阳，居玉清玄坛。唐高祖武德（618～626）中，授朝散大夫，赐金缕冠、紫丝霞帔。唐太宗李世民（599～649）还是秦王时，曾与房玄龄（579～648）微服谒之，从其受三洞法。及至太宗即位，固请还山。贞观九年（635），上敕命于茅山造太平观，以居之。观未毕，即仙逝。年一百零六岁。唐高宗永隆元年（680），追赠：太中大夫，谥曰：升真先生。唐中宗嗣圣元年（684），又赠：金紫光禄大夫；改谥：升玄先生。唐玄宗天宝七年（748），敕令茅山第十三代宗师李含光（682～769），于太平观造影堂，写真像，以旌仙迹。〕改为太平观。"《景定建康志》卷四十五："崇禧观，在大茅峰北，华阳洞南门之东，即古太平观。"◎注：金坛大洞天，即华阳洞也。位于句容市东南20公里处，茅山风景区老虎岗西侧。因洞内有百丈金坛，故名。今洞府尚未开发，金坛玉碣，难述其貌。其概况详情，可参阅《华阳洞》条目下注释。

引用书目

1. ［先秦］尚书. 上海：上海辞书出版社，2007.

2. ［汉］司马迁. 史记. 武汉：长江文艺出版社，2007.

3. ［汉］班固. 汉书. 北京：中华书局，2007.

4. ［南朝宋］范晔. 后汉书. 北京：中华书局，2012.

5. ［晋］陈寿. 三国志. 长沙：岳麓书社，1990.

6. ［晋］干宝. 搜神记. 长沙：岳麓书社，2006.

7. ［前秦］王嘉等. 拾遗记（外三种）. 上海：上海古籍出版社，2012.

8. ［南朝陈］顾野王. 舆地志. 上海：上海古籍出版社，2011.

9. ［唐］房玄龄. 晋书. 北京：中华书局，2011.

10. ［南朝梁］沈约. 宋书. 北京：中华书局，1983.

11. ［南朝梁］萧子显. 南齐书. 北京：中华书局，2014.

12. ［南朝梁］萧统. 昭明文选. 北京：中华书局，2019.

13. ［唐］姚思廉. 梁书. 北京：中华书局，2014.

14. 〔唐〕姚思廉. 陈书. 北京：中华书局，2013.

15. 〔唐〕李延寿. 南史. 北京：中华书局，1975.

16. 〔唐〕许嵩. 建康实录. 北京：中华书局，1986.

17. 〔宋〕李昉、李穆、徐铉等. 太平御览. 北京：中华书局，2000.

18. 〔宋〕张敦颐. 六朝事迹编类. 南京：南京出版社，1989.

19. 〔宋〕周应合. 景定建康志. 南京：南京出版社，2009.

20. 〔元〕张铉. 至正金陵新志. 南京：南京出版社，1991.

21. 〔明〕王俊华等. 洪武京城图志. 南京：南京通志馆，1947.

22. 〔明〕王浩、刘雨等. 正德江宁县志. 南京：南京通志馆，1947.

23. 〔明〕程三省、李登等. 万历上元县志. 南京：南京通志馆，1947.

24. 〔明〕陈沂. 金陵古今图考. 南京：南京通志馆，1947.

25. 〔明〕陈沂. 金陵世纪.〔明〕孙应岳. 金陵选胜.〔清〕余宾硕. 金陵览古. 南京：南京出版社，2009.

26. 〔明〕顾起元. 客座赘语. 南京：南京出版社，2009.

27. 〔明〕葛寅亮. 金陵梵刹志. 南京：南京出版社，2011.

28. 〔明〕葛寅亮. 金陵玄观志. 南京：南京出版社，2011.

29. 〔明〕程嗣功、王一化等. 万历应天府志. 刻本，明万历五年，1577.

30. 〔明〕曹臣. 舌华录. 南昌：江西高校出版社，1999.

31. 〔明〕陈沂. 献花岩志.〔明〕盛时泰. 牛首山志.〔明〕盛时泰. 栖霞小志.〔民国〕汪阆. 覆舟山小志. 南京：南京出版社，2010.

32. 〔明〕吴应箕. 留都见闻录.〔清〕金鳌. 金陵待征录. 南京：南京出版社，2009.

33. ［清］顾祖禹. 读史方舆纪要. 北京：中华书局，2005.

34. ［清］陈文述. 秣陵集. 南京：南京出版社，2009.

35. ［清］莫祥芝、甘绍盘等. 同治上江两县志. 刻本，清同治十三年，1874.

36. ［清］蒋启勋，赵佑宸，汪士铎等. 光绪续纂江宁府志. 刻本，清光绪六年，1880.

37. ［清］陈毅. 摄山志. 北京：中国文史出版社，2010.

38. ［清末民初］陈作霖、陈诒绂. 金陵琐志九种. 南京：南京出版社，2008.

39. ［清末民初］夏仁虎. 秦淮志. 南京：南京市通志馆，1948.

40. ［民国］叶楚伧，柳诒征，王焕镳等. 首都志. 南京：南京古旧书店翻印，1985.

41. 江宁县地名委员会. 江苏省江宁县地名录. 内部资料，1984.

42. 溧水县地名委员会. 江苏省溧水县地名录. 内部资料，1982.

43. 高淳县地名委员会. 江苏省高淳县地名录. 内部资料，1985.

44. 溧阳县志编委会. 溧阳县志. 南京：江苏人民出版社，1992.

45. 句容县志编委会. 句容县志. 南京：江苏人民出版社，1994.

46. 范美庆、卫向阳等. 句容历史文化新编. 南京：江苏人民出版社，1997.

47. 南京地名大全编委会. 南京地名大全. 南京：南京出版社，2012.

48. 南京辞典编委会. 南京辞典. 北京：方志出版社，2005.

49. 南京市地方志编纂委员会办公室. 南京简志. 南京：南京出版社，2014.

50. 卢海鸣. 六朝都城. 南京：南京出版社，2002.

51. 施元龙、徐飞、邬建华等. 中国筑城史. 北京：国防大学出版社，2012.

52. 卢海鸣. 南京历代运河. 南京：南京出版社，2018.

53. 南京市秦淮区人大常委会. 秦淮地名概览. 苏出准印，2015.

54. 南京市玄武区人民政府. 钟灵玄武. 南京：南京出版社，2014.

55. 李朝润等. 玄武新志. 南京：南京出版社，2006.

56. 南京市白下区档案局、白下区地方志编纂委员会办公室. 白下人文丛书·史迹名胜. 北京：中国时代经济出版社，2012.

57. 孙强，方政等. 魅力栖霞. 南京：江苏文艺出版社，2008.

58. 南京市建邺区地方志编纂委员会办公室. 建邺史话. 北京：方志出版社，2012.

59. 南京市鼓楼区政协文史委员会. 鼓楼文史. 北京：中国文联出版社，2013.

60. 南京市地名委员会办公室. 南京市地名文化建设资料选编. 内部资料，2008.

人名索引

Z

后 记

　　二〇一九年冬，为撰写有关南唐都城的文章，搜集杨吴时期升州刺史徐知诰（888～943）向南扩筑金陵城以前的史籍材料，查检到了《太平寰宇记》卷九十"江南东道二·升州"。发现此卷所载唐末宋初升州（今南京）的历史变迁、山川地貌、人文风俗诸方面概况，正是南京历史上称作"升州"时期，唯一重要的地志类图书卷帙。欣悦鼓舞，不禁拍案。惊喜之余，陡生校注该卷之思，几经考量，拟定以"引""注"的形式阐发原书要旨，目的是让今天的南京人更多地了解南京悠久的历史，更加发自内心地热爱当今美好的南京，且以生于斯、长于斯而倍感自豪与自信。据此，定书名曰：升州注。

　　首先，撰写《升州注》，必须搜集并厘清《太平寰宇记》以外涉及升州历史的相关史籍，采取"引"文的形式，佐证《太平寰宇记》所记之升州概况既各具体条目的真实性；继之以"注"文简述各条目的历史延革和当今现状，务使条目明朗，清晰可读。在翻检众多古今相关史籍中，发现《景定建康志》所载有关升州的条目数量十分丰富，最能印证并补充《太平寰宇记》卷九十的记载。《太平寰宇记》成书于北宋雍熙四年（987）至端拱元年（988），《景定建康志》成书于南宋景定二年（1261），两者相距二百七十余年，其背景均为有宋一朝，虽府名数易，然所辖县乡之名大多承袭不变。故《景定建康志》所载之条目，多引《太平寰宇记》以证史实。因此，在撰写《升州注》过程中，引文最多的就是《景定建康志》。

其次，撰写《升州注》，必须直观地了解宋代升州辖境延续至今的变迁、存废等方面情况。多年来，本人对南京城内及近郊的史迹名胜，偏爱有加，经常涉足，乐此不疲。而溧水、高淳，则去之可数，尤其是句容、溧阳，更是了了。为此，2020年秋，山妻王安琪相偕赴溧水、高淳、句容、溧阳，进行了为时近一个半月的旅游考察。重点是溧水的在城、东庐、洪蓝，高淳的固城、桠溪、定埠，句容的茅山、华阳、黄梅，溧阳的溧城、戴埠、平桥等地的短途游览。如此，不仅从中饱览了许多古升州留存至今的名胜古迹，还切身体会到社会主义新农村建设的丰硕成果，一举两得，其乐可知。

第三，撰写《升州注》，必须清晰明确地分清正文与夹注以及"引""注"之间的区别，尤其是对字体、字号的选排，直接关系到原文的连贯和阅读的顺畅，所以，必须精准明白，一目了然。因此，每完成一段条目后，均由犬子濮仕坤及时输录，调整字体字号，布置版式页面，务使达到清楚干净、大方美观之目的。

《升州注》全书插图有六,一为《唐升州图》,录自(清)陈开虞《康熙江宁府志》。其余五幅分别为江宁、上元、溧水、溧阳、句容等县图,均录自(宋)周应合《景定建康志》卷五。所引书目及《人名索引》附后,以利阅者查检耳。

在此,笔者由衷感谢南京出版社社长卢海鸣博士的精心指点与支持,以及严行健编辑的细心核对,使《升州注》得以圆满出版发行。

古都南京,历史悠久。江山不改,风景依旧。人文风俗,代有传承。而今盛世,气象万千。《升州注》借古颂今,彰显今日南京各方面建设所取得的"强富美高"新风貌,展现当代南京人积极进取的新风采。回顾且直面历史,赞美并歌颂今朝,此乃不揣鄙陋拙撰《升州注》之由衷初心也。笔者学识疏浅,舛漏之处,尚祈方家不吝哂正。

濮小南

2021 年 7 月 1 日